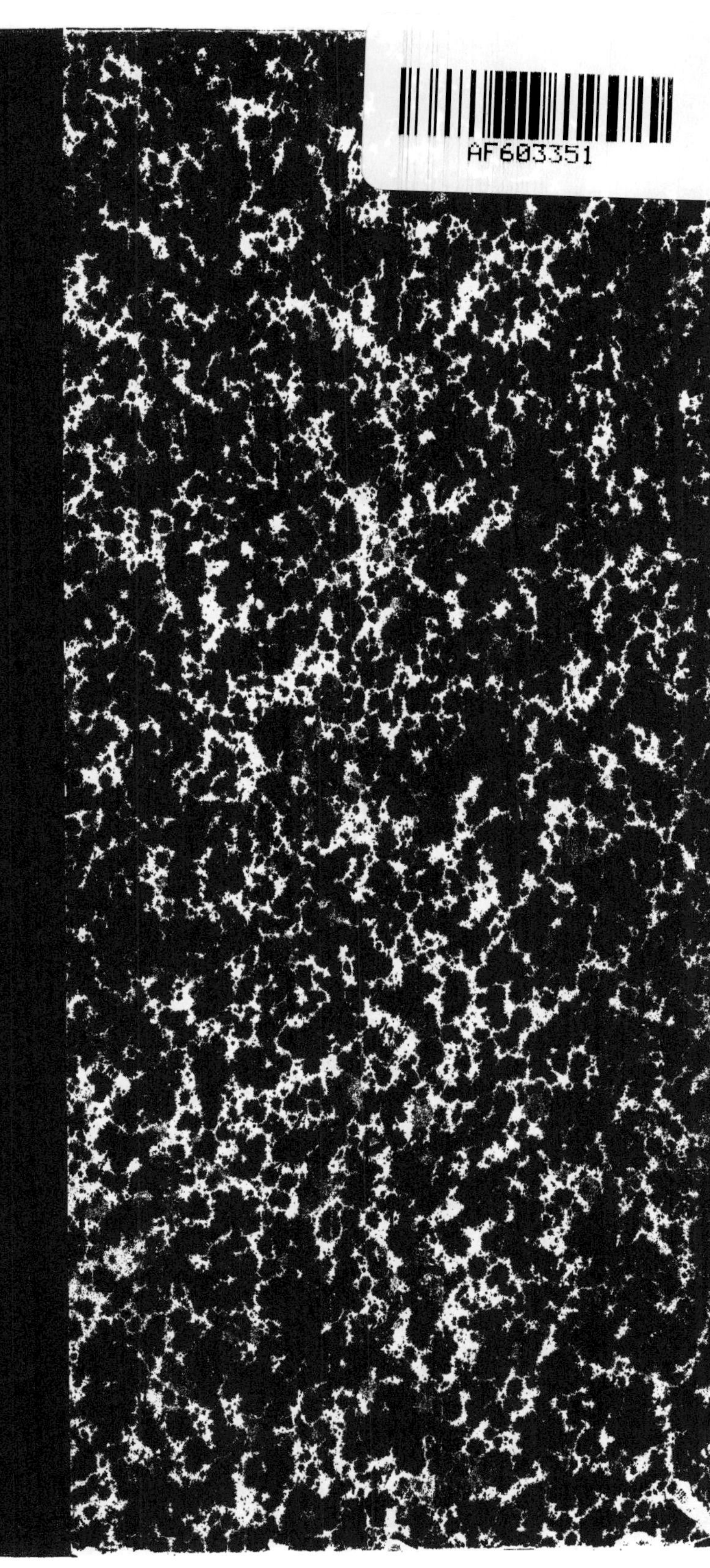

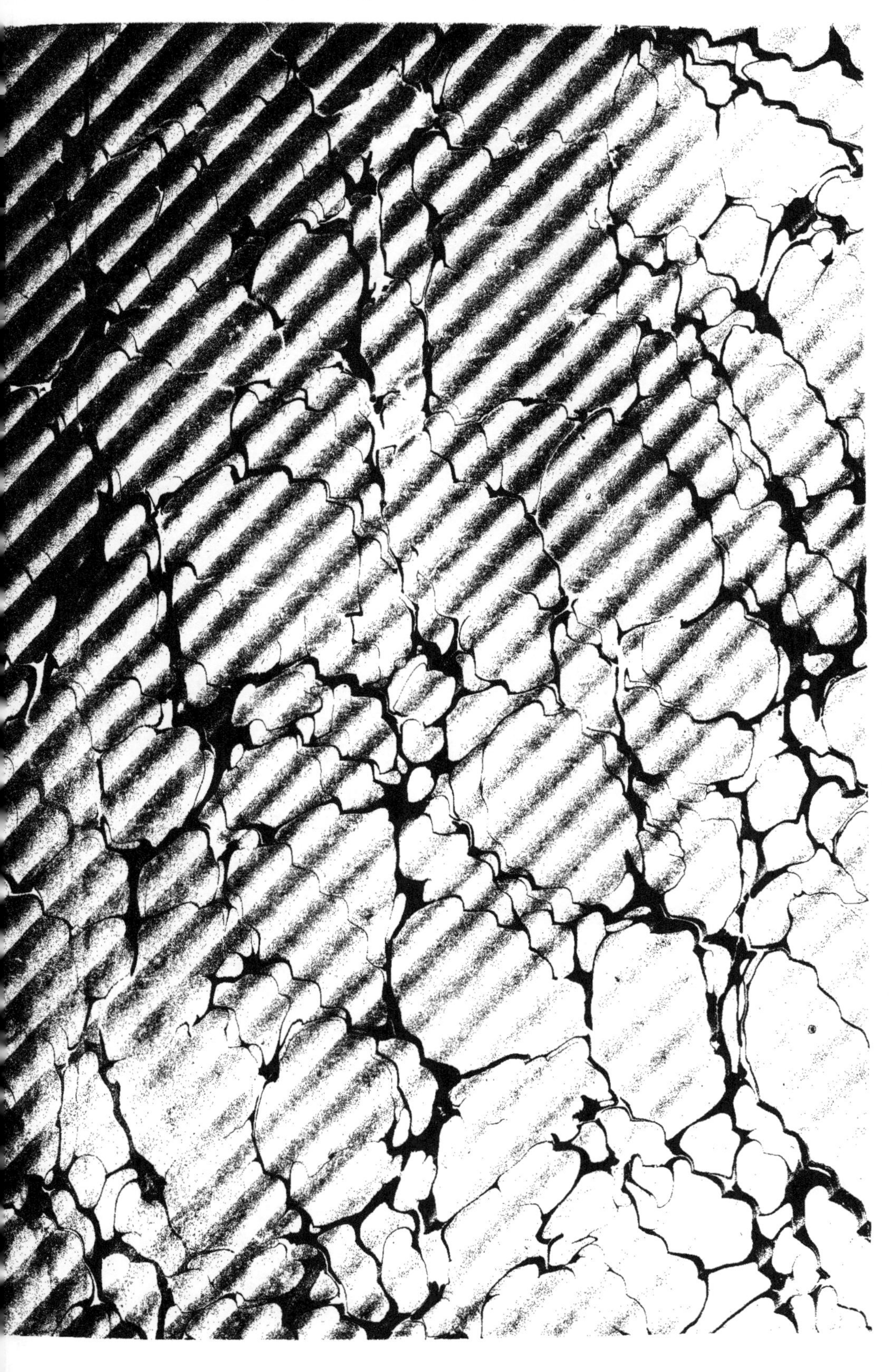

DES COULEURS

ET

DE LEURS APPLICATIONS AUX ARTS INDUSTRIELS

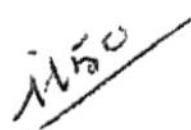

PRINCIPAUX TRAVAUX DU MÊME AUTEUR.

RECHERCHES CHIMIQUES SUR LES CORPS GRAS D'ORIGINE ANIMALE. Paris, 1823, in-8, avec une planche.

CONSIDÉRATIONS GÉNÉRALES SUR L'ANALYSE ORGANIQUE et sur ses applications. Paris, 1824, in-8.

LEÇONS DE CHIMIE APPLIQUÉE A LA TEINTURE. Paris, 1828-1831, 2 vol. in-8.

LOI DU CONTRASTE SIMULTANÉ DES COULEURS, et de l'assortiment des objets colorés considéré d'après cette loi dans ses rapports avec la peinture. Paris, 1839, un vol. in-8 avec atlas in-4.

THÉORIE DES EFFETS OPTIQUES que présentent les étoffes de soie. Paris, 1847, in-8.

RECHERCHES SUR LA TEINTURE. *Premier mémoire :* Considérations générales et indication des méthodes employées; classification des matières (*Comptes rendus de l'Académie des sciences*, 1836, t. II, p. 20, et *Nouv. Ann. du Muséum*, t. IV, p. 409). — *Deuxième mémoire :* Des proportions d'eau que les étoffes absorbent dans les atmosphères à 65, 75, 80 ou 100 degrés de l'hygromètre de Saussure (*Compt. Acad. sc.*, 1836, t. II, p. 292). — *Troisième mémoire :* De l'action de l'eau pure sur des étoffes teintes avec différentes matières colorantes ;— *Quatrième mémoire :* Des changements que le curcuma, le roucou, etc., fixés sur les étoffes de coton, etc., éprouvent de la part de la lumière (*Compt. Acad. sc.*, 1837, t. IV, p. 2, et *Arch. du Muséum*, t. Ier). — *Cinquième mémoire :* Des changements que le curcuma, le roucou, etc., éprouvent de la part de la chaleur; — *Sixième mémoire* (*Compt. Acad. sc.*, 1837, t. V, p. 132, 167, et *Arch. du Muséum*, t. Ier). — *Septième mémoire :* Composition immédiate de la laine; théorie de son désuintage; propriétés dérivées de sa composition immédiate qui peuvent avoir de l'influence dans les travaux industriels dont elle est l'objet (*Compt. Acad. sc.*, 1840, t. X, p. 631). — *Huitième mémoire :* Considérations sur la théorie de la teinture, et application de cette théorie au perfectionnement de plusieurs procédés pratiques en général, et à celui de la teinture d'indigo, dite en bleu de cuve, en particulier (*ibid.*, 1846, t. XXIII, p. 954). — *Neuvième et dixième mémoires :* De l'action que les corps solides peuvent exercer en conservant leur état sur un liquide tenant en solution un corps solide ou un corps liquide (*ibid.*, 1853, t. XXXVI, p. 981). — *Onzième mémoire* (*ibid.*, 1861, t. LII, p. 327, 762). — *Douzième mémoire :* Influence du mordançage. Persistance, après lavage, de l'amidon employé comme appui des toiles de coton (*ibid.*, 1861, t. LIII, p. 984). — *Treizième et quatorzième mémoires*, avec un *Appendice* (*ibid.*, 1862, t. LIV, p. 877).

RECHERCHES PHYSICO-CHIMIQUES SUR LA TEINTURE (principe du mélange des couleurs) (*Compt. Acad. sc.*, t. X, p. 121).

EXPOSÉ D'UN MOYEN DE DÉFINIR ET DE NOMMER LES COULEURS d'après une méthode précise et expérimentale. Paris, 1861, in-4, avec atlas (*Mémoires de l'Institut, Académie des sciences*, t. XXXIII).

Paris. — Imprimerie de L. MARTINET, rue Mignon, 2.

DES COULEURS

ET

DE LEURS APPLICATIONS AUX ARTS INDUSTRIELS

A L'AIDE DES

CERCLES CHROMATIQUES

PAR

E. CHEVREUL

Directeur des teintures à la manufacture impériale des Gobelins,
Professeur administrateur au Muséum d'histoire naturelle de Paris,
Membre de l'Institut (Académie des sciences).

AVEC XXVII PLANCHES GRAVÉES SUR ACIER ET IMPRIMÉES EN COULEUR

PAR RENÉ DIGEON

PARIS

J. B. BAILLIÈRE ET FILS,

LIBRAIRES DE L'ACADÉMIE IMPÉRIALE DE MÉDECINE,

Rue Hautefeuille, 19.

Londres,	Madrid,	New-York,
HIPPOLYTE BAILLIÈRE.	C. BAILLY-BAILLIÈRE.	BAILLIÈRE BROTHERS.

LEIPZIG, E. JUNG TREUTTEL, QUERSTRASSE, 10.

1864

Tous les arts qui parlent aux yeux par des couleurs ne peuvent atteindre parfaitement leur but qu'à la condition de décrire avec netteté les couleurs qu'ils emploient, en rapportant chacune d'elles à des types fixes, susceptibles d'être reproduits partout, soit qu'il s'agisse de prescrire des règles propres à obtenir des effets exactement définis, soit qu'il faille apprécier d'une manière précise les effets des produits que ces arts ont élaborés respectivement (1).

Or, je crois pouvoir affirmer qu'il est possible d'assujettir les couleurs à une nomenclature raisonnée, en les rapportant à des types classés d'après une méthode simple, accessible à l'intelligence de tous ceux qui s'occupent des couleurs, soit à un point de vue purement scientifique, soit à un point de vue d'application.

Je crois qu'on peut établir une synonymie des couleurs appliquées sur des tissus teints ou des surfaces peintes par des moyens quelconques, et juger ainsi la palette

(1) En publiant ce travail, nous avons voulu mettre à la portée de tous les résultats essentiellement pratiques que M. Chevreul a obtenus pour la définition et la dénomination des couleurs, et vulgariser des notions qui sont d'une utilité incontestable pour l'art, l'industrie et l'art industriel.

Nous avons, avec l'autorisation de M. Chevreul, emprunté le texte dont nous faisons précéder les cercles chromatiques à divers travaux qu'il a précédemment publiés. Ce sont : 1° son *Rapport sur les tapisseries et les tapis des manufactures nationales à l'exposition universelle de Londres de* 1851 (*Travaux de la Commission française sur l'industrie des nations, XIXe jury*, Paris, 1854, t. III, p. 75); 2° son *Exposé d'un moyen de définir et de nommer les couleurs d'après une méthode précise et expérimentale*, Paris, 1861 (dans *Mémoires de l'Institut, Académie des sciences*, t. XXXIII, Paris, 1861); 3° une note signée Digeon, *Sur la chromochalcographie.* (Note des Éditeurs.)

de toutes les industries qui parlent aux yeux par des couleurs ; qu'en chimie, on peut définir la couleur des corps colorés ; enfin qu'en histoire naturelle, on peut définir les couleurs des êtres vivants, et dès lors distinguer celles qui n'éprouvent pas de changements de celles qui en éprouvent dans le même individu à diverses époques de sa vie, ou dans des individus d'une même espèce.

Janvier 1864.

DES COULEURS

CHAPITRE PREMIER.

DÉFINITIONS.

Une matière colorée en rouge, en jaune, en bleu, en orangé, en vert et en violet ne peut être modifiée que de quatre manières dans l'emploi qu'on en fait en peinture ou en teinture.

1° Par du blanc, qui, en l'éclaircissant, en affaiblit l'intensité;

2° Par du noir, qui, en l'assombrissant, en diminue l'intensité spécifique;

3° Par une *certaine* couleur qui en change la propriété spécifique sans la ternir;

4° Par une *certaine* couleur qui en change la propriété spécifique en la ternissant, de sorte que si l'effet est porté au maximum, il en résulte du noir, ou du gris normal représenté par du noir mêlé de blanc.

C'est afin de définir ces modifications sans ambiguïté au moyen d'un langage précis et exempt de toute équivoque à l'égard de ceux qui le comprendraient, que j'ai appelé :

1° *Tons d'une couleur*, les différents degrés d'intensité dont cette couleur est susceptible, suivant que la matière qui la présente est pure ou simplement mélangée de blanc ou de noir.

2° *Gamme,* l'ensemble des tons d'une même couleur.

3° *Nuances* d'une couleur, les modifications que cette couleur éprouve de l'addition d'une *autre couleur* qui la change sans la ternir.

4° *Gamme rabattue,* la gamme dont les tons clairs comme les tons foncés sont ternis par du noir.

Enfin, c'est pour comprendre toutes ces définitions dans un ensemble chromatique, que j'ai imaginé la *construction chromatique-hémisphérique* : je l'ai déjà décrite et figurée (1); je l'ai réalisée au moyen de dix cercles chromatiques que j'ai fait exécuter en laine aux Gobelins, par M. Lebois, chef de l'atelier de teinture, puis en chromochalcographie, par M. Digeon.

CHAPITRE II.

CONSTRUCTION DES CERCLES CHROMATIQUES.

ART. 1er. — **Construction en laine.**

Nous prîmes des écheveaux de laine teinte, que, pour éviter des périphrases, je désignerai par leur couleur et par l'élévation de leur ton, au moyen d'un chiffre se rapportant à une gamme composée de vingt tons compris entre le blanc et le noir. Le blanc peut être considéré comme zéro, et le noir comme le ton 21 de chaque gamme.

On a pris une table ronde de 1 mètre de diamètre, divisée également par 72 rayons correspondant aux 72 couleurs franches des gammes du plan circulaire de la construction chromatique-hémisphérique. On a choisi trois échantillons de *rouge*, de *jaune* et de *bleu*, aussi francs, aussi purs que possible et à la même hauteur, le 11e ou 10e ton d'une gamme composée de 20 tons; on les a mis à égale distance sur la table ronde, puis on a intercalé de l'*orangé*, du *vert* et du *violet*, de manière que l'*orangé* partageât également l'intervalle compris entre le rouge et le jaune; le *vert*, l'intervalle compris entre le jaune et le bleu, et le *violet*, l'intervalle compris entre le bleu et le rouge. On a intercalé ensuite, entre les six couleurs précédentes, des couleurs également éloignées de leurs extrêmes respectifs, de manière à avoir le *rouge orangé*, l'*orangé jaune*, le *jaune vert*, le *vert bleu*, le *bleu violet*, le *violet rouge*; enfin entre chaque intervalle des 12 couleurs que je viens de nommer, on a intercalé 5 couleurs équidistantes et l'on a complété ainsi les 72 gammes de couleurs simples et de couleurs binaires du plan circulaire de la construction chromatique-hémisphérique, en désignant chacune de ces cinq couleurs équidistantes intercalées par les numéros 1, 2, 3, 4, 5, et le nom de la gamme qui les précède, en allant du rouge au jaune et du jaune au bleu, conformément à ce qui est dit plus haut.

Une fois les 72 types arrêtés, il s'agissait de les modifier de façon à en obtenir 72 gammes de 20 tons chacune, depuis le blanc jusqu'au noir. Mais avant de procéder à ces opérations,

(1) *Loi du contraste simultané des couleurs*. Paris, 1839.

une question se présentait que l'expérience seule pouvait résoudre, en l'absence de faits précis nécessaires pour prendre une décision motivée.

Le jaune est la couleur la plus analogue au blanc par sa clarté et la faiblesse de son intensité, comme le bleu est la couleur la plus analogue au noir; le rouge, la plus intense des couleurs, se place entre le jaune et le bleu. Maintenant fallait-il commencer par faire vingt tons de la gamme rouge aussi équidistants que possible, et les prendre ensuite comme *normes de hauteur* des vingt tons de la gamme jaune, de la gamme bleue et des autres gammes comprises dans le plan circulaire de la *construction chromatique-hémisphérique?* Ou bien fallait-il faire les tons de chacune des 71 autres gammes indépendamment de la gamme rouge, c'est-à-dire en cherchant à faire pour chacune 20 tons équidistants sans s'inquiéter si les tons d'un même numéro se correspondraient pour la hauteur de couleur?

Je fis faire une gamme rouge, une gamme jaune et une gamme bleue par M. Lebois, chef de l'atelier de teinture des Gobelins, d'après cette dernière manière de procéder; conséquemment il ne chercha point à faire correspondre les tons de la gamme qu'il avait faite en premier lieu avec les tons des deux autres gammes.

Les trois gammes ainsi exécutées, nous examinons :

1° Les trois gammes relativement à l'équidistance de leurs tons respectifs, et après examen des tons dans leur ensemble d'abord, puis séparément par trois et par cinq, nous les trouvons équidistants.

2° Les tons de même numéro des trois gammes, pour savoir s'ils étaient à la même hauteur ou s'ils avaient la même valeur de couleur, comme disent les peintres, et après examen des trois gammes du rouge, du jaune et du bleu séparément, puis ensemble, nous sommes arrivés à en grouper les tons de la manière suivante :

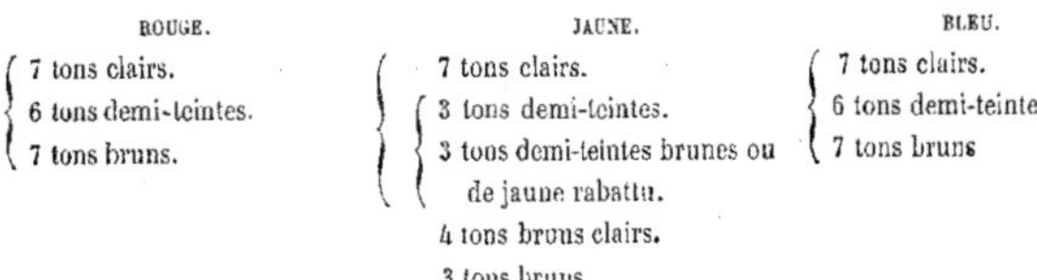

ROUGE.	JAUNE.	BLEU.
7 tons clairs.	7 tons clairs.	7 tons clairs.
6 tons demi-teintes.	3 tons demi-teintes.	6 tons demi-teintes.
7 tons bruns.	3 tons demi-teintes brunes ou de jaune rabattu.	7 tons bruns
	4 tons bruns clairs.	
	3 tons bruns.	

En distinguant cinq catégories de tons dans la gamme jaune au lieu de trois seulement, je veux dire que la couleur spécifique ou *locale* de la gamme jaune, à partir du 11° ton inclusivement, diminue proportionnellement plus que cela n'arrive au rouge et au bleu dans leurs gammes respectives à l'égard des tons 11, 12 et 13, et je veux dire en outre que les tons 14, 15, 16 et 17, qualifiés de tons bruns clairs, présentent des tons moins nourris de jaune que ne le sont les tons correspondants des gammes rouge et bleu à l'égard de leur couleur spécifique ou *locale*.

3° Les trois gammes juxtaposées et vues ensemble à distance, afin de les comparer sous le rapport de l'harmonie des clairs, des demi-teintes et des bruns, relativement à leurs gammes respectives et relativement à l'ensemble des trois gammes.

La *gamme bleue* est la plus homogène à l'œil, mais les tons clairs paraissent plus distincts que les tons bruns, par la raison que le bleu, se comportant comme le noir, les intervalles paraissent plus grands dans les clairs que dans les bruns.

La *gamme rouge*, quoique homogène, paraissait un peu moins violacée ou plus orangée dans les demi-teintes que dans les clairs, mais la différence était minime.

La *gamme jaune* paraissait la moins homogène, les demi-clairs et les clairs avaient quelque chose de moins orangé que les demi-teintes, enfin les bruns clairs tiraient au roux verdâtre et les bruns à l'olivâtre. Enfin les clairs paraissaient plus rapprochés entre eux que les bruns, ce qui tient à ce que le jaune a plus de rapport avec le blanc qu'avec le noir. L'effet est inverse de celui de la gamme bleue.

Il est évident que les bruns de cette gamme ne doivent point présenter la même homogénéité que les bruns de la gamme bleue, et même que ceux de la gamme rouge, parce que tant qu'on aperçoit du jaune dans le brun, il forme du vert, le noir se comportant comme un bleu foncé. De sorte que si le jaune, par son analogie avec le blanc, forme des clairs homogènes, il n'en est plus de même avec le noir, celui-ci et le jaune *piquent ensemble*, comme on le dit vulgairement dans les ateliers.

Enfin on observe que les différences de couleurs prises dans les trois gammes sont plus sensibles dans les demi-teintes que dans les tons extrêmes, puisque le mélange du blanc, tout aussi bien que celui du noir, tend à diminuer l'effet spécial à chaque couleur. Une conséquence de cet état de choses, c'est qu'à la rigueur les tons clairs et les tons foncés d'une gamme donnée peuvent, en beaucoup de cas, s'adapter aux demi-teintes d'un certain nombre de gammes voisines.

Une fois les 72 types arrêtés comme je viens de le dire, je les soumis à un dernier contrôle en cherchant à fixer leurs relations avec les couleurs d'un spectre solaire parfaitement défini. Voici comment on procéda :

Un rayon de lumière réfléchi par le miroir d'un héliostat a été réfracté dans un prisme de verre creux rempli de sulfure de carbone. L'extrême dilatation du spectre obtenu par ce moyen a permis d'en isoler les parties diversement colorées en faisant tomber successivement chacune d'elles sur un écran de papier très-mince près duquel on plaçait la couleur qu'on voulait y comparer. Celle-ci pouvait être éclairée de trois manières différentes, par la lumière diffuse, ainsi que je le dirai particulièrement dans la suite. Une fois la similitude reconnue par l'observation que nous faisions simultanément, M. Becquerel, M. Edmond Becquerel et moi, nous définissions chaque type que nous offrait le spectre en le rapportant aux raies de Fraunhofer, dont les positions sont fixes pour les physiciens.

Passant alors aux gammes de couleurs rabattues par du noir, voici comment je procédai. Après avoir fait un noir normal sur laine, c'est-à-dire un noir dénué de toute couleur sensible, on a considéré ce noir comme le ton 21 de toutes les gammes de couleurs franches, celles-ci étant censées partir du blanc indiqué par *zéro couleur*, et, conséquemment à cette manière de voir, on a intercalé 20 tons de gris normaux équidistants entre le noir normal et le blanc.

On s'est livré ensuite à des essais propres à résoudre la question de savoir combien il faudrait intercaler de gammes entre une couleur franche et le gris normal pour obtenir des tons à une même hauteur et équidistants de cette même couleur ternie par des quantités croissantes de noir; et en prenant le rouge pour exemple, on a trouvé que neuf gammes rabattues successivement par $\frac{1}{10}$, $\frac{2}{10}$, $\frac{3}{10}$, $\frac{4}{10}$, $\frac{5}{10}$, $\frac{6}{10}$, $\frac{7}{10}$, $\frac{8}{10}$, $\frac{9}{10}$ de noir, suffiraient pour les ouvrages les plus délicats de la tapisserie des Gobelins, résultat conforme aux gammes inscrites sur le *quadrant de la construction chromatique-hémisphérique.*

Il est aisé maintenant de savoir combien il faudra de tons pour représenter les types des couleurs rabattues. En effet, chacune des 72 gammes de couleurs franches donnant 9 gammes rabattues composées chacune de 20 tons, on trouve $72 \times 9 = 648$ gammes, lesquelles, étant formées chacune de 20 tons, donnent $648 \times 20 = 12960$; en ajoutant, d'une part, les 20 tons de gris normaux, et, d'une autre part, les 1440 tons des gammes franches, on a une somme de 14420 tons pour l'ensemble de ceux qui constituent la construction chromatique-hémisphérique.

En ne comptant pas les 20 tons du gris, on a ainsi 14400 normes; mais je me hâte de dire que, dans l'application, ce nombre peut être extrêmement réduit.

Si l'on veut se représenter aisément toutes les gammes rabattues, sous le point de vue le plus propre à en faire sentir les rapports mutuels, il faut distribuer dans un même cercle toutes les gammes ayant le même numérateur. Conséquemment, le 1er cercle comprenant les couleurs franches,

Un 2e cercle comprendra toutes les gammes à $\frac{1}{10}$ de noir,
Un 3e cercle comprendra toutes les gammes à $\frac{2}{10}$ de noir,
Un 4e cercle comprendra toutes les gammes à $\frac{3}{10}$ de noir,
Un 5e cercle comprendra toutes les gammes à $\frac{4}{10}$ de noir,
Un 6e cercle comprendra toutes les gammes à $\frac{5}{10}$ de noir,
Un 7e cercle comprendra toutes les gammes à $\frac{6}{10}$ de noir,
Un 8e cercle comprendra toutes les gammes à $\frac{7}{10}$ de noir,
Un 9e cercle comprendra toutes les gammes à $\frac{8}{10}$ de noir,
Un 10e cercle comprendra toutes les gammes à $\frac{9}{10}$ de noir.

Si l'on trouvait que les modifications d'une couleur franche par $\frac{1}{10}$, $\frac{2}{10}$, $\frac{3}{10}$, $\frac{4}{10}$, $\frac{5}{10}$, $\frac{6}{10}$, $\frac{7}{10}$, $\frac{8}{10}$, $\frac{9}{10}$ de noir ne fussent pas suffisantes, on pourrait intercaler des modifications de gammes rabattues entre celles que j'ai dénommées par les fractions précédentes, et pour ne pas renverser ma nomenclature, on se servirait d'expressions fractionnaires pour les gammes intercalées qui auraient un autre dénominateur que 10. Par exemple, on aurait 19 gammes rabattues, en se servant des expressions suivantes : $\frac{1}{20}$, $\frac{1}{10}$, $\frac{3}{20}$, $\frac{2}{10}$, $\frac{5}{20}$, $\frac{3}{10}$, $\frac{7}{20}$, $\frac{4}{10}$, $\frac{9}{20}$, $\frac{5}{10}$, $\frac{11}{20}$, $\frac{6}{10}$, $\frac{13}{20}$, $\frac{7}{10}$, $\frac{15}{20}$, $\frac{8}{10}$, $\frac{17}{20}$, $\frac{9}{10}$, $\frac{19}{20}$. Mais les distinctions que j'ai admises sont bien suffisantes. Il y a plus, en observant les tons extrêmes clairs et bruns de diverses gammes rabattues voisines, on éprouve plus de difficulté à distinguer les uns d'avec les autres, qu'on n'en éprouve lorsqu'il s'agit des tons extrêmes clairs et bruns de diverses gammes franches voisines; et cela n'a rien de surprenant, puisque la couleur locale des gammes rabattues est d'autant plus affaiblie que la gamme à laquelle elle appartient est ternie par une plus forte proportion de noir ; en conséquence, il y a possibilité de réduire beaucoup le nombre des gammes de couleurs rabattues et le nombre des tons qui les composent. C'est un sujet sur lequel je reviendrai encore après avoir parlé de l'exécution des 9 cercles chromatiques renfermant les couleurs rabattues.

ART. 2. — **Construction en chromochalcographie.**

Quoique en ces derniers temps on ait voulu faire passer comme une invention nouvelle la reproduction des aquarelles par la gravure et l'impression en taille-douce, il n'est besoin que de compulser quelques ouvrages industriels pour se convaincre qu'au XVIIe siècle on tenta ce procédé par le système de Newton. M. Digeon, à qui je confiai le soin de graver mes cercles chromiques, n'est pas l'inventeur de ce procédé de reproduction d'aquarelle par la combinaison de quatre planches gravées sur acier et imprimées en taille-douce (jaune, bleu, rouge, noir) ; mais je dois dire qu'à force d'études et de recherches, il a perfectionné les moyens et obtenu des résultats inconnus jusqu'à ce jour.

Son système est tout entier dans la superposition des couleurs, bien que le premier cercle soit le résultat de trois couleurs superposées seulement. Généralement une quatrième couleur est indispensable, c'est le noir. Or, pour toutes les aquarelles, on commence par graver une planche qui comporte tout ce qui doit être jaune ; puis une seconde qui représente le bleu, une troisième qui donne le rouge, enfin une quatrième, complément de l'épreuve, qui est le noir. Cette planche doit n'être qu'accessoire, car si l'on en fait une planche importante, c'est une gravure enluminée que l'on reproduit et non une aquarelle (1). Un

(1) Trois couleurs diamétralement opposées produisant le noir, on pourrait, en combinant ses tons, supprimer la planche noire, et obtenir, pour un travail exclusivement artistique, des résultats d'une plus grande vérité.

ouvrier imprime le jaune, un second applique le bleu sur le jaune, un troisième imprime le rouge sur l'application du bleu sur le jaune, et un quatrième ouvrier, par un dernier tirage, fait la superposition du noir sur les trois couleurs. Malgré l'ordre des tirages que j'indique ici, l'extrême délicatesse du rouge force d'imprimer cette couleur en dernier et de superposer d'abord le noir sur les deux premiers tirages.

La manière de combiner les couleurs dans l'ordre des tirages n'était pas une difficulté. Ce qu'il a fallu trouver, c'est le moyen de donner, ou du moins de conserver aux couleurs leur vivacité et leur richesse. M. Digeon est donc parti d'un principe : c'est qu'avant tout il fallait s'assurer de la base de chaque couleur et ne pas mélanger des substances minérales avec des substances végétales ou animales. Aucun chromate de plomb ne doit et ne peut s'allier à la cochenille qu'en dénaturant cette dernière substance, comme contradiction. Ce système ne donnait pas encore la vivacité ; il ne devait la trouver que dans la manière d'employer les divers produits colorants.

Jusqu'à présent on n'avait employé les couleurs qu'en les essuyant avec la paume de la main. La nature des couleurs étant grasses, M. Digeon comprit qu'en les essuyant à la main, il ajoutait une nouvelle graisse qui venait ternir l'éclat désiré ; il dut donc s'occuper de les essuyer au chiffon.

Pour le jaune, le moyen fut trouvé instantanément, il trempa un chiffon dans une dissolution de potasse, et il obtint des jaunes d'un éclat irréprochable. Quant au bleu, il rencontra plus de difficultés. La potasse donnait la vivacité, mais tout ce qui était nuances légères disparaissant, il essaya de l'urine étendue d'eau ; mais, s'il obtenait les nuances légères, toutes les parties fortes étaient ternes. Après bien des essais sans résultat, il imprégnait un chiffon d'une dissolution de potasse et le faisait sécher ; dès qu'il fut sec, il lui fit subir une nouvelle immersion dans de l'urine étendue d'eau, en ayant soin de le conserver mouillé sans s'en servir pendant trois ou quatre heures. Ce moyen fut couronné d'un plein succès, aussi bien pour le bleu de Prusse que pour le bleu d'outremer. Il restait à trouver le moyen d'essuyer le carmin de cochenille. M. Digeon essaya l'urine sans résultat ; il fit dissoudre de l'acide tartrique : il crut avoir réussi, mais son acier se couvrait d'une oxydation, conséquence d'une trop forte dose d'acide. Il trouva enfin à composer l'eau nécessaire à l'immersion de ses chiffons ; mais, suivant la température, il arrivait que l'ouvrier était forcé de quitter son travail dans l'impossibilité où il était d'employer la couleur. Il sacrifia encore 250 grammes de carmin dans lequel il introduisit une portion d'alumine et 4 ou 5 gouttes d'éther sulfurique ; à part une nature légèrement poisseuse que ce mélange donne à la couleur, aucun inconvénient ne se présenta, et depuis ce moment il obtint des rouges aussi vifs qu'il les désirait ; de plus, cette substance, d'abord si susceptible à l'emploi, est devenue d'une facilité inouïe.

CHAPITRE III.

EXPLICATION DES DIX CERCLES CHROMATIQUES.

Le premier cercle, renfermant les couleurs franches, comprend 72 couleurs :

Les trois couleurs que les artistes appellent simples, le rouge, le jaune, le bleu. Le rouge part du premier bleu, et finit au cinquième orangé jaune; le bleu renferme les zones depuis le premier jaune jusqu'au cinquième violet rouge; le jaune comprend toutes les zones partant du rouge, et aboutissant au bleu.

Soixante-neuf couleurs binaires, dont, en partant du rouge et en allant vers le jaune et le bleu, neuf sont appelées rouge orangé, orangé, orangé jaune, jaune vert, vert, vert bleu, bleu violet, violet et violet rouge. Les soixante autres forment des groupes de cinq, dont chacun est intercalé entre le rouge et le rouge orangé et l'orangé, ainsi de suite. Les couleurs de chaque groupe sont désignées par les chiffres 1, 2, 3, 4 et 5 précédant le premier nom des deux couleurs entre lesquelles chaque groupe est placé. Par exemple, 1 rouge, 2 rouge, 3 rouge, 4 rouge, 5 rouge, 1 rouge orangé, 2 rouge orangé, 3 rouge orangé, 4 rouge orangé, 5 rouge orangé, désignent les cinq couleurs du groupe compris entre le rouge orangé et celui qui est entre le rouge orangé; ainsi de suite.

La disposition des soixante-douze couleurs est telle qu'elles sont à égale distance l'une de l'autre, de sorte que, en en prenant trois de suite, celle du milieu fait ce qu'on appelle l'entre des deux extrêmes.

Ayant comparé des couleurs de ton premier cercle avec un certain nombre de rayons colorés d'un spectre solaire obtenu au moyen d'un prisme de sulfure de carbone, rayons colorés dont la position est invariablement donnée par les lignes de Fraunhofer, je vis que le cercle chromatique n'était point arbitraire; car sans avoir ce cercle sous les yeux, on pourra le reproduire partout où, après avoir imité avec des matières colorées quelconques certains rayons colorés du spectre pris comme normes, on intercalera entre les couleurs du cercle correspondant à deux de ces rayons le nombre des entres pris dans le cercle chromatique entre les deux couleurs que l'on sait correspondre à ces mêmes rayons colorés du spectre. Exemples :

1er *Exemple.* — Le rouge du cercle correspond au rayon coloré compris entre les raies B et C du spectre; le 2e rouge du cercle correspond au rayon coloré qui se trouve au quart de l'intervalle des lignes C et D. Eh bien, en faisant l'entre du rouge et du 2 rouge, on obtient le 1er rouge.

2e *Exemple.* — L'espace existant entre les lignes E et B est le vert. Le 3 vert du cercle correspondant au milieu de l'espace B et F, après avoir reproduit le vert et 3 vert, on intercale entre eux deux entres, et l'on obtient ainsi le 1 vert et le 2 vert.

Les neuf autres cercles sont imprimés de la même manière, mais j'ai dû ajouter une planche pour rabattre les couleurs. Cette planche, renfermant les 72 zones, est imprimée d'une seule teinte grise équivalant au degré de rabat.

Chacun comprend les soixante-douze couleurs du premier cercle ternies ou rabattues. Les neuf cercles comprennent chaque couleur rabattue par des fractions croissantes de noir.

Ainsi, qu'on prenne le rouge du premier cercle et du gris normal ayant la même valeur, comme disent les peintres, ou le même ton, qu'on intercale entre le rouge et le gris normal neuf entres dont, à la vue,

Le 1er paraisse formé de $\frac{1}{10}$ de noir et de $\frac{9}{10}$ de rouge,
Le 2e paraisse formé de $\frac{2}{10}$ de noir et de $\frac{8}{10}$ de rouge,
Le 3e paraisse formé de $\frac{3}{10}$ de noir et de $\frac{7}{10}$ de rouge,
Le 4e paraisse formé de $\frac{4}{10}$ de noir et de $\frac{6}{10}$ de rouge,
Le 5e paraisse formé de $\frac{5}{10}$ de noir et de $\frac{5}{10}$ de rouge,
Le 6e paraisse formé de $\frac{6}{10}$ de noir et de $\frac{4}{10}$ de rouge,
Le 7e paraisse formé de $\frac{7}{10}$ de noir et de $\frac{3}{10}$ de rouge,
Le 8e paraisse formé de $\frac{8}{10}$ de noir et de $\frac{2}{10}$ de rouge,
Le 9e paraisse formé de $\frac{9}{10}$ de noir et de $\frac{1}{10}$ de rouge.

Que l'on répète cette opération sur les soixante et onze autres couleurs du premier cercle, et que l'on réunisse dans un même cercle toutes les couleurs dont la couleur est ternie ou *rabattue* par la même fraction de noir, on aura alors les neuf cercles de couleurs rabattues, soit 72 nuances pures (72) et rabattues (648).

Le deuxième cercle étant rabattu par $\frac{1}{10}$ de noir, et renfermant $\frac{9}{10}$ de noir, les couleurs doivent perdre $\frac{1}{10}$ d'intensité : les couleurs ont été préparées de manière à ne plus représenter qu'une valeur de $\frac{1}{10}$.

CHAPITRE IV.

USAGE DES CERCLES.

Les cercles peuvent servir :

1° A définir les couleurs ;

2° A se rendre compte de leur mélange ;

3° A se rendre compte des effets de leur contraste.

Art. 1er. — Usage des cercles pour la définition des couleurs.

Il est évident :

1° Qu'une couleur sera parfaitement définie par l'indication du nom de la gamme à laquelle elle appartient, et le numéro de son ton, si la gamme appartient au premier cercle. Par exemple :

La couleur écarlate, la plus ordinaire, appartient au 3 rouge, et étant le 10e ton, on la définira 3 *rouge* 10.

2° Qu'une couleur appartenant à une gamme rabattue sera parfaitement définie par l'indication de la couleur franche, le numéro du ton et la fraction de noir qui la rabat. Par exemple :

La couleur garance, la plus ordinaire de l'uniforme des troupes françaises, appartenant au 3 rouge 11 ton, terni par $\frac{5}{10}$ de noir, on la définira 3 rouge 11 ton $\frac{5}{10}$ de noir, ou 3 rouge $\frac{5}{10}$ 11 ton. Il existe au ministère de la guerre des draps garance 23 ains, présentant le 13 ton du 3 rouge, et des draps à 19 ains, présentant le 12 ton du 3 rouge inclinant au *h*.

En définitive, cette nomenclature exprime :

Le nom de la gamme	Le rabat au noir	Le ton
3 rouge	$\frac{5}{10}$	11
3 rouge		13
3 rouge inclinant au 4.		12

Le moyen le plus simple comme le plus exact de déterminer un objet coloré, consiste à avoir deux cercles d'un carton mince et blanc de même diamètre que les cercles chromatiques : l'un d'eux a une ouverture correspondant à une des zones colorées des cercles; l'autre carton a deux ouvertures égales correspondant à deux zones des cercles, lesquelles zones sont séparées par une zone moyenne que le cercle couvre.

L'objet coloré étant placé de manière à être tangent à l'un des grands côtés de l'ouverture du premier carton, on fait tourner le carton sur son axe, de manière à trouver la couleur du cercle qui est identique avec l'objet coloré ou qui s'en rapproche le plus. Cette détermination faite, on place l'objet coloré sur le second carton entre les deux ouvertures, de manière à placer l'objet entre les deux zones voisines de la zone déterminée au moyen du premier carton.

Si cette détermination est bien faite, la couleur de l'objet se trouve entre l'entre des deux zones, que le deuxième carton rend visible.

Dans le cas où l'on ne trouverait pas identité de couleur, on évaluerait la différence par la fraction $\frac{1}{4}$, $\frac{1}{2}$, $\frac{3}{4}$, ou $\frac{1}{3}$, $\frac{2}{3}$.

Pour que la détermination soit rigoureuse, la couleur de l'objet doit être à la même hauteur de ton ou à peu près de la couleur à laquelle on la compare ; autrement, à moins d'une extrême habitude, on pourrait commettre quelque erreur.

Pour évaluer l'intensité d'une couleur ou son ton, je suppose que chaque couleur du premier cercle donne vingt tons équidistants, à partir du blanc, qui est zéro ton, jusqu'au noir, qui est le ton 21. C'est à l'ensemble des tons d'une même couleur que M. Chevreul donne le nom de gamme, ce qui, exécuté pour les 720 nuances, donnerait 720 gammes et 14400 tons, etc.

Je crois devoir donner un index des noms de couleurs le plus fréquemment usités dans la conversation et dans les livres ramenés à la nomenclature des cercles chromatiques. Lorsque je fait suivre une détermination du mot *type*, c'est pour indiquer que la détermination a été faite sur l'objet même qui présente naturellement la couleur dont on veut donner la définition.

Ainsi, améthyste = 5 bleu-violet du 3 au 15 ton (type), signifie que c'est l'améthyste même qui a présenté cette couleur, et non une étoffe teinte.

A

Abricot = orangé 6 ton (type).
Aile de mouche = 4 rouge $\frac{8}{10}$ 10 ton (Tuvée).
Alyse = 3 orange 13 et 14 tons (type).
Amarante = violet-rouge 12 ton (type).
Ambre jaune = { 2 orangé 12 ton vu en masse transparente. / 2 or-jaune 11 ton tranche de 1 centimètre.
Améthyste = 5 bleu-violet du 3 au 16 ton (type).
Ardoise = 1 bleu $\frac{9}{10}$ 10 ton.
Aurore = orangé-jaune 8 ton.
Aventurine = 1 orangé 14 ton.

B

Béryl ou aigue-marine = 5 vert bleu de 3 au 7 ton (type).
Beurre frais = orangé-jaune du 2, 5 au 3 ton.
Bleu-barbeau = bleu-violet du 12 au 14 ton.
Bleu de Chine = bleu 6 ton (Tuvée).
Bleu de ciel = bleu, 1 bleu, 2 bleu, 3 bleu 7 ton. Bleu 4 ton (Tuvée).
Bleu d'Haïti = 5 bleu 13 ton (Tuvée).
Bleu moyen de cuve = 3 bleu 14 ton (étoffes de laine).
Bleu pers = 3, 4 ou 5 bleu du 14,5 au 16 ton.
Bleu de roi = 3 bleu 12 et 13 tons.
Bois = 1 orangé-jaune 15 ton.
Bois d'acajou verni = { partie rouge = 4 rouge-orangé 11 ton. / partie jaune = jaune-orangé $\frac{8}{10}$ 10 ton (type).
Bois de chêne = 2 orangé $\frac{6}{10}$ 8 ton (type).
Bois gris = 2 rouge-orangé $\frac{7}{10}$ 10 ton.
Bouton-d'or = { 4 orangé-jaune 9 ton (type). / 3 orangé-jaune 6 ton (étoffes de laine).
Brique = 3 rouge-orangé $\frac{3}{10}$ 12 ton (type).
Bronze = 3 jaune 20 ton.
Brun se dit en général des tons foncés de toutes les gammes : par exemple, des tons 18, 19 et 20.
Brun vif = 5 violet 18 ton (Oudin).

C

Caca-dauphin = 4 orangé-jaune 8 ton légèrement rabattu (1).

Café grillé ou torréfié = 3 orangé 18 et 19 ton (type).

Café au lait = 2 orangé $\frac{6}{10}$ 4 ton (2).

Cannelle = 3 orangé 14 ton et 2 orangé $\frac{3}{10}$ du 9 au 12 ton.

Capucine = 3 rouge-orangé 10, 11, 12 ton (type).

Carmélite = 3 orangé 15 ton.

Carotte = orangé 7 ton.

Céladon = 3 vert-bleu tons clairs de 5 au 8 ton.

Cerise = rouge 9 et 10 tons.

		Femmes.		Hommes.		Vieillards.	
Chair	lèvres	4 R.	6 t.	5 R.	6,5 t.	2 R O. $\frac{4}{10}$	6 t.
	joues	4 R.	4,75	2 R.O.	5 t.	4 R.O. $\frac{3}{10}$	5,5
	coul. locale	3 R.	3 t.	2 R.O.	4 t.	2 O.	4 t.
	grande lum.	1 R.O.	1 t.	5 R.O.	3 t.	2 O.	3 t.

Chair-rose = 2 rouge à $\frac{4}{10}$ (savonnerie).

Chair = rouge-orangé $\frac{3}{10}$ (savonnerie).

Chamois-jaune = 4 orangé-jaune 3 ton (étoffe de laine) (Oudin).

Châtaigne = 2 orangé 16, 17, 18 tons (fruit du *Castanea vulgaris*).

Chocolat en tablette = 5 orangé 18,5 ton.

Cigare = 2 orangé $\frac{6}{10}$ 11 ton.

Cire d'abeille = couleur variant { 3 orangé 17 ton. / orangé-jaune 6 ton. / 1 orangé-jaune $\frac{11}{10}$ 9 ton. / 4 orangé-jaune 6 ton. }

Citron = 4 orangé-jaune 6 ton.

Colombin = 3 violet 10 ton.

Colombin bleu = bleu-violet.

Cornaline = 1 rouge-orangé 14 ton sans rabat.

Couleur de roy = 1 bleu-violet 12 ton.

Couleur de prince = 1 bleu-violet 10 ton.

Cramoisi = 3 violet-rouge 10 ton (3).

Cuir = 1 orangé $\frac{4}{10}$ à $\frac{8}{10}$ 7 ton.

E

Écarlate de France, Écarlate de Venise, Couleur de sang de bœuf } = 1 rouge du 12 au 14 t.

Écarlate de Hollande, Écarlate des Gobelins, Écarlate couleur de feu } = 3 rouge 10 ton.

Écru = 4 rouge $\frac{6}{10}$ 3 ton (Tuvée).

Émeraude = 2 vert 11 ton (type).

F

Fauve ou couleur de racine couleur-noisette = 5 orangé et 1 orangé-jaune du 10 au 16 ton.

Feu = 2, 5 et 4 rouge 10 ton.

Feuille-morte — 3 orangé $\frac{4}{10}$ 10 ton (type). Feuille morte du peuplier de la Caroline.

Feutre = 4 rouge $\frac{9}{10}$ 6 ton (Tuvée).

Fiamette = { couleur rouge imitant la couleur de feu clair. On peut la considérer comme le 6 ton du 3 rouge et du 4 rouge. }

Flamme de punch = 2 bleu-violet 8 ton.

Fleur de pêcher = 1 violet-rouge 8 ton (type).

Fleur de pommier — 1 violet-rouge 10 ton (type).

Fleur de lin = bleu-violet 8, 9 et 10 tons (type). 1 bleu-violet 7 ton (Tuvée).

Fromage de Hollande intérieur = 5 orangé $\frac{1}{10}$ 1 ton.

Fumée de Londres = 19 ou 20 ton d'une gamme dont le noir de Genève est le 21 ton.

G

Gingeolin = 4 rouge-orangé 15 ton. De *gingeole*, ancien nom du fruit du jujubier (*Zizyphus officinalis*).

Giroflée = 4 violet 10 ton (type).

Grenade (fleur de) = rouge-orangé 10 ton.

Grenat = { 3 violet-rouge 16 ton. / 3 rouge 15, 16, 17 tons (types). }

(1) Détermination faite sur un ancien ruban qui m'a été remis par un marchand.

(2) $\frac{1}{10}$ . . . . . quand le café a été moins fortement grillé.

(3) Le mot *cramoisi* s'appliquait autrefois en général aux couleurs faites avec la cochenille.

Gris (1) argenté = 3 orangé $\frac{9}{10}$ (Savonnerie).

Gris blanc = gris normal 1 et 2 tons.

Gris bleu = 5 bleu $\frac{6}{10}$ 10 ton.

Gris de Breda = gris de fantaisie.

Gris brun = gris normal du 12 au 15 ton.

Gris surbrun = gris normal du 15 au 18 ton.

Gris de castor = 5 rouge-orangé $\frac{9}{10}$ du blanc au 9, 10, 11, et 12 ton (type).

Gris de chair = 1 rouge-orangé $\frac{7}{10}$ (Savonnerie).

Gris d'eau = gris verdâtre.

Gris de fer = 3 bleu $\frac{9}{10}$ 10 ton.

Gris gaudé = 5 rouge-orangé $\frac{3}{10}$ (Savonnerie).

Gris de lavande = 2 bleu-violet $\frac{3}{10}$ 6 ton.

Gris de lin = bleu-violet 4, 5 ton. 4 bleu $\frac{1}{10}$ 5 ton.

Gris merde d'oye = un mélange de blanc et du 11 ton d'une gamme appartenant au vert en général, et en particulier aux gammes du jaune-vert : par exemple, à celle du 1 jaune-vert franc ou rabattu de $\frac{1}{10}$ à $\frac{4}{10}$.

Gris de minime ou gris noir = orangé-jaune 20 t.

Gris de more = 4 rouge-orangé $\frac{7}{10}$ 10 ton.

Gris du morou. — Cette expression me paraît synonyme de gris de more.

Gris d'ours = 3 orangé-jaune $\frac{6}{10}$ du 13 au 18 ton (type).

Gris de perle = 2 bleu-violet $\frac{7}{10}$ 2 et 3 tons.

Gris de plomb = bleu $\frac{9}{10}$ 10 ton (type).

Gris de ramier = violet $\frac{3}{10}$ 7, 8, 9, 10 tons.

Gris de rat = 2 orangé $\frac{8}{10}$ 12 ton ; des parties 18 ton (type).

Gris de sauge — 3 bleu-violet rabattu.

Gris de souris = 2 orangé $\frac{8}{10}$ du 10 au 13 ton (type).

Gris tanné = 5 orangé-jaune $\frac{9}{10}$ 10 ton.

Gris vineux = 5 violet-rouge $\frac{1}{10}$ 10 (Savonnerie).

Gris violant = violet-rougé $\frac{9}{10}$ 10 ton et 4 violet-rouge $\frac{9}{10}$ 10 ton (Savonnerie).

I

Isabelle = 1 orangé-jaune (2).

J

Jaune-canari = 1 jaune 6 ton (étoffe de laine).

Jaune-citron = 4 orangé-jaune 6 ton (type). 5 orangé-jaune 7 ton (étoffe de laine).

Jonquille = jaune 10 ton (type).

Jujube = 4 rouge-orangé 9 ton (étoffe de laine).

L

Langouste. — La langouste cuite présente 1° dans sa pince le rouge-orangé, 9, 10 et 11 tons, avec du rouge 10, 11, 12, 13 tons ; 2° dans sa queue le 5 rouge-orangé 10 tons.

Lapis = 3 bleu 8 ton (type).

Laurier = 3 jaune-vert 12 tons sans rabat (type). Le vert-laurier de M. Tuvée est le 2 vert 13 ton.

Lavande (fleur) = 3 bleu violet 7, 8, 9 tons (type).

Lilas (étoffe) = 1 violet 7 ton.

Lilas (fleur). — La couleur du *lilas vulgaire* (type) est 1 bleu-violet 1 et 2 tons à l'intérieur, et à

(1) Il faut distinguer des *gris de couleurs mélangées* et des *gris de couleur unie*.

Les premiers étaient autrefois les plus communs. On les faisait en général avec des blancs ou les tons faibles du gris normal et des tons plus foncés des gammes franches du 1er cercle chromatique du 10 au 20 ton. Tels sont des gris employés par l'administration de la guerre.

Les *gris de couleur unis* appartiennent tous à des tons plus ou moins clairs des gammes rabattues, rarement à leurs tons foncés.

(2) L'histoire raconte que Claire-Eugénie-Isabelle d'Autriche, fille de Philippe II, roi d'Espagne, et d'Élisabeth de France, fit vœu devant Ostende, que l'armée de l'archiduc Albert, son mari, assiégeait, de ne point changer de linge que la ville ne fût prise. Le siége dura trois ans trois mois et trois jours. On ne sait pas le temps qui s'écoula entre le vœu et sa réalisation. Quoi qu'il en soit, les courtisans de la princesse donnèrent son nom à la couleur du linge qu'elle quitta après la prise d'Ostende.

J'ai constaté que la sueur dont le linge est imprégné commence à le colorer en 1 orangé-jaune du 1 au 2 ton, qui n'est pas rabattu pour ainsi dire lorsque le linge a été préservé de toute poussière noirâtre.

La couleur de la prune de mirabelle, qu'on rapproche de la couleur Isabelle, est le 3 orangé-jaune, 9, 10 et 11 tons.

l'extérieur elle va du 1 au 3 violet 5 ton.

La couleur du *lilas de Perse* est le 1 violet du blanc au 7 ton.

Lin (fleur) = bleu-violet 8, 9, 10 tons (type).

M

Maïs = 1 orangé jaune 7 ton 3 orangé jaune 6 ton (sans rabat).

Malachite = 3 vert du 6 au 8 ton.

Manteau Sainte-Thérèse = orangé-jaune 14 ton.

Marron (fruit) = { *Frais*, 3 orangé 13, 14, 15, 16, 17 tons extrêmes.
après 1 an, 4 orangé 16, 17, 18 tons. }

Marron des teinturiers = 4 orangé 16, 17, 18 tons.

Mauve — 3 violet 8 ton.

Minime — orangé-jaune 20 ton.

Morc = 4 rouge-orangé $\frac{8}{10}$ 16 ton.

Morc-doré ou mordoré = 1 rouge 16 ton. Étoffes teintes à quarante-cinq ans d'intervalle, par des teinturiers différents sur laine et sur soie.

Musc = 3 orangé $\frac{9}{10}$ 13 ton (type).

Musc-minime = 4 orangé $\frac{3}{10}$ 16 ton.

Myrte = 3 jaune-vert 11 et 12 tons (type).

Le vert-myrte de M. Tuvée est le vert 16 ton.

N

Nacarat = 2 rouge 14 ton.

Nankin = 1 orangé $\frac{1}{10}$ 3 ton. Le coton en poil avec lequel on fait le nankin est orangé $\frac{4}{10}$ du blanc au 3 ton.

Noir = représenté par le 21 ton des gammes de la construction chromatique-hémisphérique.

Noir de Genève = 2 bleu 20 ton.

Noisette = { couleur comprenant le 16 ton des grammes 5 orangé, orangé-jaune et 1 orangé-jaune avec des tons plus clairs. }

Des noisettes présentent { a.) 2 orangé $\frac{1}{10}$ fond 10 ton, avec raies 14 ton et encore
b.) 3 orangé $\frac{4}{10}$ du 10 au 12 ton. }

O

Olive = { a) 3 jaune $\frac{6}{10}$ 10 et 11 tons (type normal).
b) 1 jaune $\frac{6}{10}$ 10 ton (type). }

Orangé = couleur comprenant les 9 et 10 tons des gammes 2, 3 et 4 orangé, dont le type moyen est le 3 orangé.

Oreille-d'ours = 4 rouge 16 ton.

P

Paille = 2 orangé-jaune et 3 orangé-jaune du 3 au 5 ton, quelquefois $\frac{1}{10}$ de rabat (type).

Pain bis = 3 orangé $\frac{8}{10}$ 6 ton.

Pain d'épice = { croûte 5 rouge-orangé $\frac{6}{10}$ 17 ton.
intérieur 3 orangé $\frac{6}{10}$ 10 ton. }

Passe-velours = 5 violet 13 ton (type).

Peau passée au sumac = 5 orangé $\frac{1}{10}$ 1 ton.

Pelure d'oignon = 2, 3 et 4 orangé $\frac{2}{10}$ à $\frac{3}{10}$ du blanc au 5 ton. Il existe une variété d'oignon dont la pelure = 3 violet-rouge $\frac{7}{10}$ du 3 au 11 ton.

Pensée = 3 violet 13 et 14 tons (type).

Poil de vache = 5 rouge-orangé $\frac{4}{10}$ (Savonnerie).

Poil d'ours = 3 orangé $\frac{4}{10}$ de 13 au 18 ton (type).

Ponceau ou coquelicot = 1 rouge 8 ton, ou plutôt 3 et 4 rouge 10 ton (type).

Pourpre = couleur intermédiaire entre rouge et violet, mais plus près du violet, 4 violet 12 ton.

Prune de mirabelle = 3 orangé-jaune 9, 10 et 11 tons (type).

Prune de Monsieur = 2 bleu-violet 15 ton; quand le fruit est couvert de sa *fleur*, 8 ton (type).

Puce = 4 bleu-violet 13 ton.

R

Raisin de Corinthe = orangé 19 et 20 tons, et 2 rouge-orangé $\frac{6}{10}$.

Rose = 5 violet, violet-rouge, 1 violet-rouge du 3 au 7 ton (type).

Rose sèche = 4, 5 violet 11 ton.

Rubis = rouge 11 ton.

Rubis spinelle = 4 violet-rouge du 6 au 12 ton.

S

Saphir = 5 bleu 11 ton.

Sang de bœuf (couleur de) = 1 rouge 13 et 14 tons; nom de l'écarlate de Venise au milieu du XVIIIe siècle.

Saucisson pâte charnue = 1 rouge [illegible] du 10 ton au 1 rouge [illegible] 17 ton.

Savoyard = 3 rouge 17 ton (Oudin).

Serin = { jaune du 7 au 10 ton. / 1 jaune de 7 au 10 ton.

Solitaire = 4 rouge 16 ton, identique avec oreille-d'ours (Tuvée).

Souci — 2 orangé 7, 8 et 9 tons (type).

Soufre = du 2 au 3 jaune 4 et 5 tons (type).

Sucre imprégné de mélasse — 2 orangé [illegible] 12 ton.

T

Tabac d'Espagne = 3 orangé [illegible] 15 ton.

Tête de nègre = 4 rouge-orangé [illegible] 18 ton.

Topaze = a.) 5 orangé du 2 au 4 ton. b.) 2 rouge 5 ton. c.) 3 violet 7 ton (types).

Turquoise (bleu) = 5 vert-bleu 10 ton (type).

V

Veau tanné [illegible] du 5 au 7 ton.

Ventre de biche = 3 orangé [illegible] du 4 et 5 tons (type).

Vermillon = 3 rouge 15 ton (type).

Vert américain — 4 vert 5 ton (Tuvée).

Vert-canard = 3 vert-bleu 12, 13, 14 tons.

Vert-céladon = 3 vert-bleu du 5 au 8 ton.

Vert de chou = 3 jaune-vert 6 ton (Guinon).

Vert-dragon = vert du 12 au 15 ton (type ancien).

Vert gai = 5 jaune-vert.

Vert-de-gris = 5 vert-bleu 8 ton (type).

Vert-de-gris = vert-bleu 7 ton (Tuvée).

Vert d'herbe ou du gazon = 1 jaune-vert [illegible] 10 ton (type).

Vert-laurier = 3 jaune-vert 12 ton non rabattu (type).

Vert-molequin = vert-more probablement.

Vert-more = vert rabattu par du noir.

Vert-more-jaune = 5 orangé-jaune.

Vert-more-vert = 1 jaune.

Vert-myrte = 3 jaune-vert 12 ton non rabattu (type) (1).

Vert-naissant — 4 vert 3 ton (Guinon). 5 jaune-vert 7 ton (Tuvée).

Vert d'œillet — 1 vert 10 ton (Savonnerie). 4 ver 7 ton (Tuvée) (2).

Vert de perroquet = 5 jaune-vert 5 ton (Guinon).

Vert-pistache = 4 jaune-vert du 5 au 10 ton (type).

Vert de poire = 4 vert 10 ton.

Vert-pomme = 3 jaune-vert 8 ton (type).

Vert-pomme = 4 jaune-vert 8 ton (Guinon).

Vert-pré = 5 jaune-vert 9 ton (Tuvée). Vert 10 ton (Guinon).

Vert de Saxe = vert 15 ton (Oudin).

{ Vert-turquoise = 3 vert-bleu 3, 4, 5 tons (type). / Bleu-turquoise = 5 vert-bleu 10 ton (type).

Vigogne = 5 rouge-orangé [illegible] (type).

Violet d'évêque = 4 bleu-violet 10 ton (Tuvée).

Violet fin = 15 ton.

Violette (couleur de) = 3 bleu-violet 12 ton (type)

ART. 2. — **Usage du premier cercle pour le mélange des couleurs.**

Toutes les fois que l'on mélange des couleurs matérielles qui n'ont pas d'action chimique mutuelle, soit que les parties aient été divisées à l'extrême, comme elles le sont en peinture,

(1) Vert de myrte = { 5 jaune 18 ton (Oudin). / vert 16 ton (Tuvée).

(2) La couleur de la feuille glauque de l'œillet est le vert-bleu [illegible] 7 ton, et la couleur de la feuille frottée est le 2 jaune-vert [illegible] 10 et 11 tons.

soit qu'ayant une étendue sensible, comme les fils colorés des tapisseries et tapis, comme les petits prismes de certaines mosaïques, elles soient juxtaposées, mais que leur petite étendue ne permette pas à l'œil de distinguer chacune d'elles, il se produit, dans les deux cas, des effets qui rentrent dans deux principes.

1er *Principe.* — Si les matières colorées sont le rouge et le jaune, ou appartiennent à deux couleurs intermédiaires, on aura une couleur franche qui sera l'orangé, ou une couleur allant de l'orangé au rouge ou de l'orangé au jaune.

Si les matières colorées sont le jaune et le bleu, ou appartiennent à deux couleurs intermédiaires, on aura une couleur franche qui sera le vert ou une couleur allant du vert au jaune ou du vert au bleu.

Si les matières colorées sont le bleu et le rouge, ou appartiennent à deux couleurs intermédiaires, on aura une couleur franche qui sera le violet, ou une couleur allant du violet au bleu ou du violet au rouge.

2e *Principe.* — Si les matières colorées mélangées sont le rouge, le jaune et le bleu, il se produit du noir ou du gris.

A. Si la proportion des trois matières colorées est convenable, les couleurs sont neutralisées. Le résultat est du noir ou gris normal, c'est-à-dire du gris sans couleur sensible.

B. Dans le cas contraire, le résultat est du gris coloré par la couleur ou les deux couleurs dominantes.

Ces principes posés, en voici les conséquences :

Une fois que la place dans le cercle, des matières colorées que l'on voudra mélanger, sera connue, il sera aisé de savoir ce qu'elles donneront par leur mélange mutuel.

1° Le rouge et le jaune matériels mélangés ne donneront une couleur plus ou moins orangée pure, qu'autant qu'ils ne sortiront pas des limites du rouge et du jaune du premier cercle.

2° Dans le cas contraire, la couleur sera d'autant plus rabattue qu'il y aura plus de bleu dans le mélange.

3° Même résultat pour le jaune et bleu. Si les matières colorées ne sont pas en dehors de ces couleurs inclusivement, on aura une couleur plus ou moins verte pure.

4° Dans le cas contraire, la couleur sera d'autant plus rabattue qu'il y aura plus de rouge.

5° Même résultat encore pour le bleu et le rouge. Si les matières qui les représentent sont comprises dans les limites du bleu et du rouge inclusivement, la couleur sera pure, un peu violetée, le violet ou un violet rouge.

6° Dans le cas contraire, la couleur sera d'autant plus rabattue qu'il y aura plus de jaune.

7° Les matières colorées sont complémentaires ; c'est-à-dire si elles se trouvent diamétralement opposées dans le cercle, elles se neutralisent mutuellement, et si les couleurs en sont suffisamment intenses, le mélange donnera le noir; si elles sont peu intenses, le mélange sera un gris normal.

La conséquence est en teinture, en peinture, etc., on fera du noir ou du gris normal en ajoutant à une couleur quelconque la complémentaire qui est donnée par le cercle.

8° Même résultat lorsqu'un corps blanc n'ayant qu'une légère teinte déterminée, on veut la neutraliser comme on le fait dans l'azurage sur papier, sur linge, par exemple, etc.; en ce cas, on ajoute encore sa complémentaire.

ART. 3. — Usage du premier cercle pour le contraste simultané des couleurs.

Les effets du principe du contraste des couleurs peuvent être observés toutes les fois que deux couleurs sont *juxtaposées* sur un plan.

Elles paraissent alors les plus différentes possible :

1° Quant à la hauteur de leur ton, si celui-ci n'est pas le même pour chacune d'elles.

2° Quant à leurs couleurs respectives proprement dites : par exemple, le bleu, qui donne le vert quand il est mélangé au jaune, est-il juxtaposé près d'une surface de cette dernière couleur, loin de paraître verdâtre, paraît violeté, et le jaune, loin de tirer au verdâtre, tire sur l'orangé.

En un mot, tous les phénomènes du contraste simultané des couleurs consistent en ce que la couleur complémentaire de chaque couleur juxtaposée s'ajoute à l'autre couleur. Ainsi, la complémentaire du bleu étant orangé, celui-ci s'ajoute au jaune, et la complémentaire du jaune étant le violet, celui-ci s'ajoute au bleu conformément à l'expérience. Maintenant toutes les modifications de couleur produites par le contraste simultané sont indiquées par le cercle, puisque les deux couleurs juxtaposées étant une fois rapportées à deux des couleurs normales du cercle, la complémentaire de chacune des couleurs est celle qui est diamétralement opposée dans le cercle. Il suffit donc de savoir, conformément au principe du mélange, ce que chacune des couleurs juxtaposées deviendra par le mélange de la complémentaire de la couleur qui est juxtaposée, pour se rendre compte des effets de contraste. Enfin, le cercle montrant toutes les couleurs, de manière que celles qui sont diamétralement opposées, sont mutuellement complémentaires, il s'ensuit qu'on peut se rendre compte du contraste que j'appelle *successif*. Cette sorte de contraste consiste en ce qu'une couleur qu'on a regardée plusieurs secondes, dispose l'œil à voir dans le temps suivant sa complémentaire : par exemple, après avoir regardé du vert pendant quelque temps, le rouge lui est diamétralement opposé dans le cercle, on a tendance à voir roses les objets qu'on regarde dans le temps suivant.

Dès lors une couleur étant donnée, en cherchant sa complémentaire dans le cercle, on saura la prédisposition de l'œil à voir les objets de cette couleur, après qu'il aura été fixé un certain temps sur la couleur donnée.

Dans cette explication des principaux usages des cercles chromatiques, je me suis dispensé d'entrer dans des détails qui se trouvent dans mon ouvrage ayant pour titre : *Exposé d'un moyen de définir et de nommer les couleurs d'après une méthode précise et expérimentale* (1). C'est là que j'expose pourquoi, dans les cercles chromatiques faits avec telles matières colorées qu'on a été obligé d'employer, il en est qui, quoique appartenant au premier cercle, peuvent être moins brillantes que certaines matières colorées qu'on leur comparera.

(1) *Mémoires de l'Institut*, *Académie des sciences*, t. XXXIII. Paris, 1861, in-4°.

EXPLICATION DES XXVII PLANCHES.

SPECTRE SOLAIRE (1).

Planche I. — Couleurs d'un spectre solaire produit par un prisme de sulfure de carbone comparées aux types du premier cercle chromatique.

GAMMES DES TONS BLEUS (1).

Planche II. — Manière dont je conçois qu'une couleur qui est indéfinie en allant du blanc au noir est distinguée en parties définies que j'appelle tons. — Fig. 1. Exemple de la graduation d'une couleur. On va du blanc au noir. — Fig. 2. Exemple de la graduation d'une couleur divisée en 22 parties superficielles égales. — Fig. 3. Même que figure 2, avec la différence que la couleur qui est graduée d'une manière continue dans la figure 2 sur chaque partie superficielle, en allant du blanc au noir, est répartie d'une manière uniforme sur chaque partie superficielle : dès lors la couleur est discontinue dans l'ensemble des parties superficielles. C'est ainsi que la figure 3 représente ce que j'appelle la gamme des tons bleus, au nombre de vingt. On peut dire que le blanc est zéro, et que le noir est le ton 21.

ZONES CIRCULAIRES DES COULEURS (2).

Planche III. — Zones circulaires dont les couleurs sont continues. On la suppose formée d'une réunion de zones excessivement étroites et contiguës, parmi lesquelles il en est trois qui sont à des distances égales, RR, JJ et BB. La zone RR représente le rouge; la zone JJ, le jaune; la zone BB, le bleu, aussi pure de toute couleur étrangère qu'on peut le concevoir. Toutes les zones intermédiaires sont formées de deux couleurs.

Planche IV. — Zone circulaire divisée en 72 parties égales, avec cette condition que les zones représentant le rouge, le jaune et le bleu, partagent en deux moitiés les trois parties où elles se trouvent. Si l'on se représente chaque partie de cette zone uniformément teinte de la *couleur nuancée* dont elle est couverte, on aura 72 *couleurs types* suffisamment distinctes pour qu'on puisse y rapporter les couleurs franches, comme on rapporte les tons d'une même couleur à la planche II, fig. 3.

CERCLES CHROMATIQUES (10).

Planche V. — Premier cercle chromatique renfermant les couleurs franches.

Planche VI. — Deuxième cercle chromatique renfermant les couleurs rabattues à $\frac{1}{10}$ de noir.

Planche VII. — Troisième cercle chromatique renfermant les couleurs rabattues à $\frac{2}{10}$ de noir.

Planche VIII. — Quatrième cercle chromatique renfermant les couleurs rabattues à $\frac{3}{10}$ de noir.

Planche IX. — Cinquième cercle chromatique renfermant les couleurs rabattues à $\frac{4}{10}$ de noir.

Planche X. — Sixième cercle chromatique renfermant les couleurs rabattues à $\frac{5}{10}$ de noir.
Planche XI. — Septième cercle chromatique renfermant les couleurs rabattues à $\frac{6}{10}$ de noir.
Planche XII. — Huitième cercle chromatique renfermant les couleurs rabattues à $\frac{7}{10}$ de noir.
Planche XIII. — Neuvième cercle chromatique renfermant les couleurs rabattues à $\frac{8}{10}$ de noir.
Planche XIV. — Dixième cercle chromatique renfermant les couleurs rabattues à $\frac{9}{10}$ de noir.

GAMMES CHROMATIQUES (13).

Planche XV. — Gris. — Du blanc au noir.
Planche XVI. — Rouge. — Du blanc au noir.
Planche XVII. — Rouge-orangé. — Du blanc au noir.
Planche XVIII. — Orangé. — Du blanc au noir.
Planche XIX. — Orangé-jaune. — Du blanc au noir.
Planche XX. — Jaune. — Du blanc au noir.
Planche XXI. — Jaune-vert. — Du blanc au noir.
Planche XXII. — Vert. — Du blanc au noir.
Planche XXIII. — Vert-bleu. — Du blanc au noir.
Planche XXIV. — Bleu. — Du blanc au noir.
Planche XXV. — Bleu-violet. — Du blanc au noir.
Planche XXVI. — Violet. — Du blanc au noir.
Planche XXVII. — Violet-rouge. — Du blanc au noir.

Avis. — Quand on ne fait pas usage des cercles, il faut les tenir fermés dans un lieu obscur, afin d'en prévenir l'altération.

FIN DE L'EXPLICATION DES PLANCHES.

TABLE DES MATIÈRES.

FIN.

Paris. — Imprimerie de E. MARTINET, rue Mignon, 2.

COULEURS

D'UN SPECTRE SOLAIRE

Produit par un Prisme de (Sulfure de Carbone)

Comparées aux types du 1er Cercle Chromatique

de M. CHEVREUL.

NOIR
NOIR
NOIR
BLANC
BLANC
BLANC

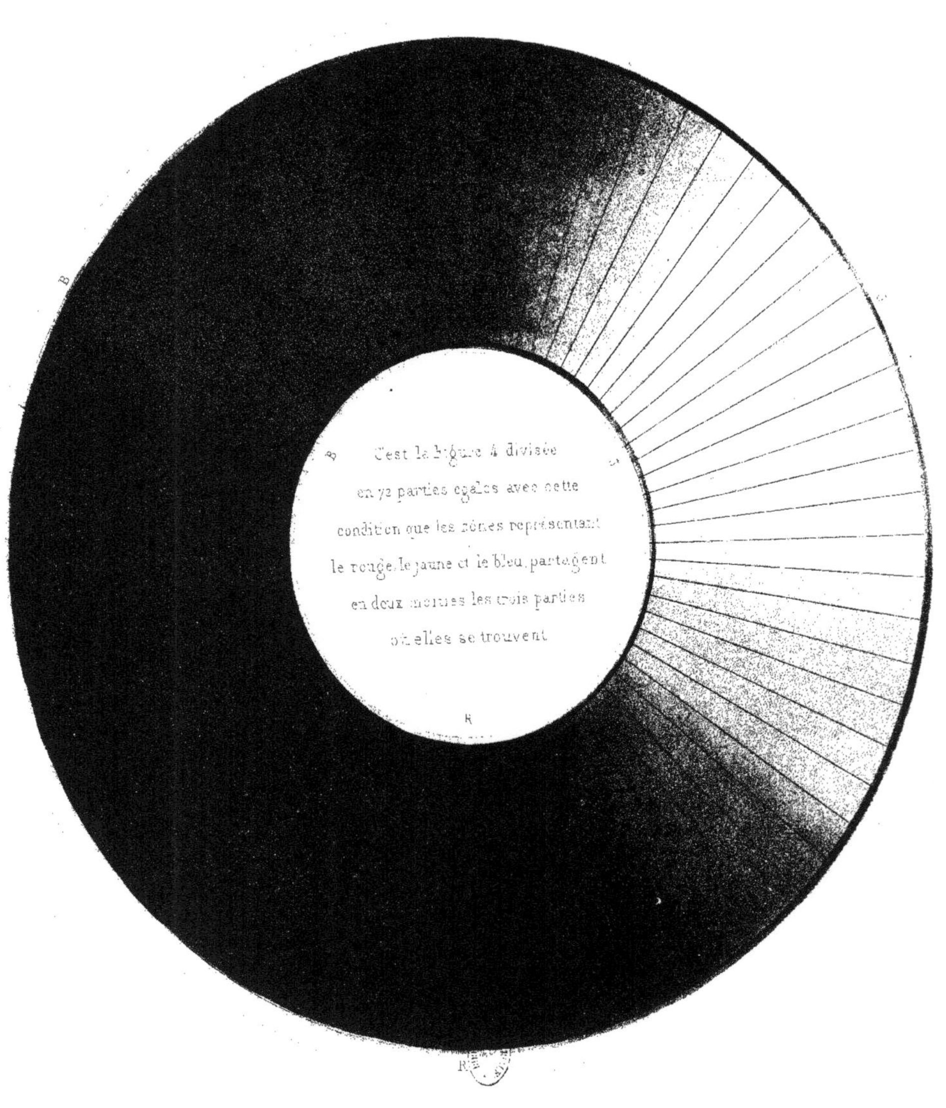
B
B
C'est la figure 4 divisée
en 72 parties égales avec cette
condition que les zones représentant
le rouge, le jaune et le bleu, partagent
en deux moitiés les trois parties
où elles se trouvent
R
R

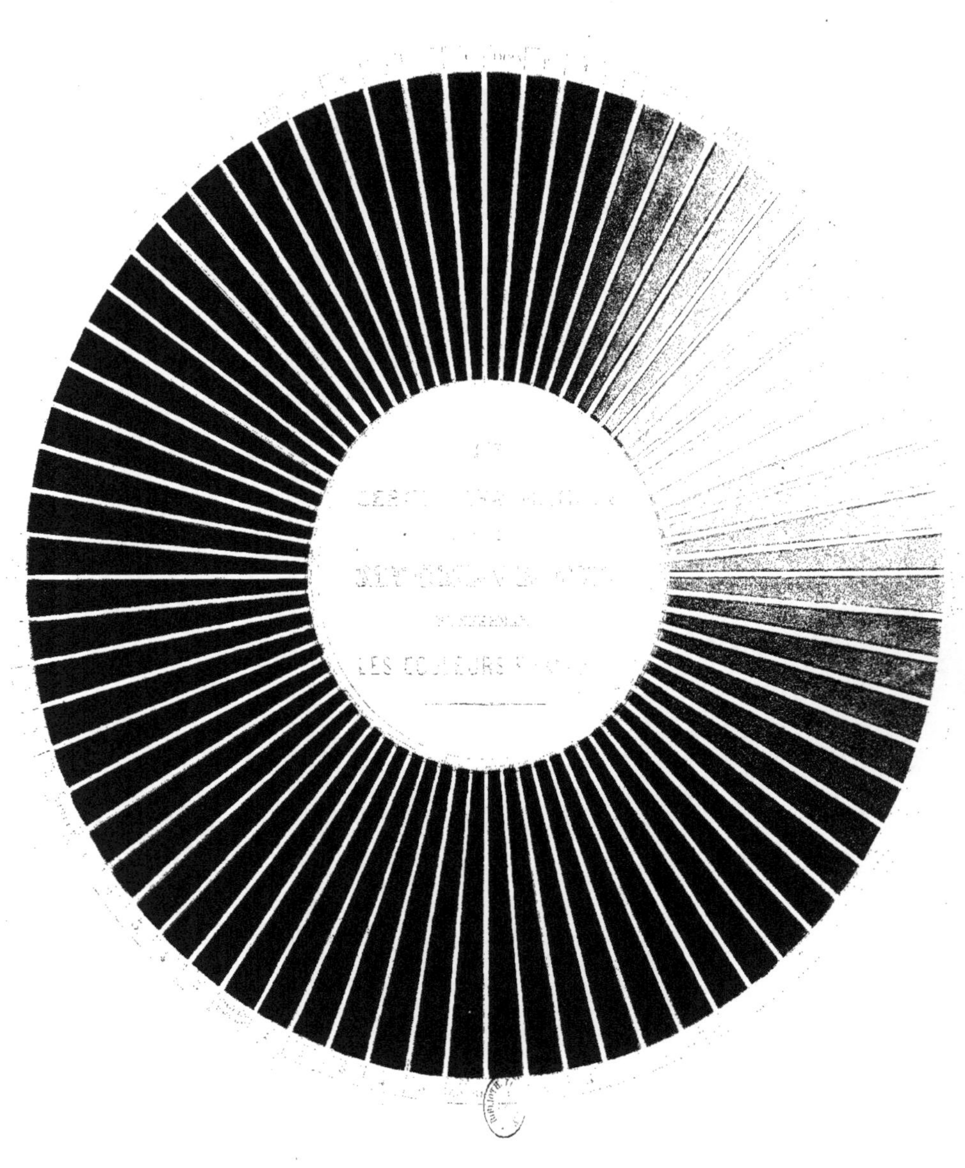
LES COULEURS

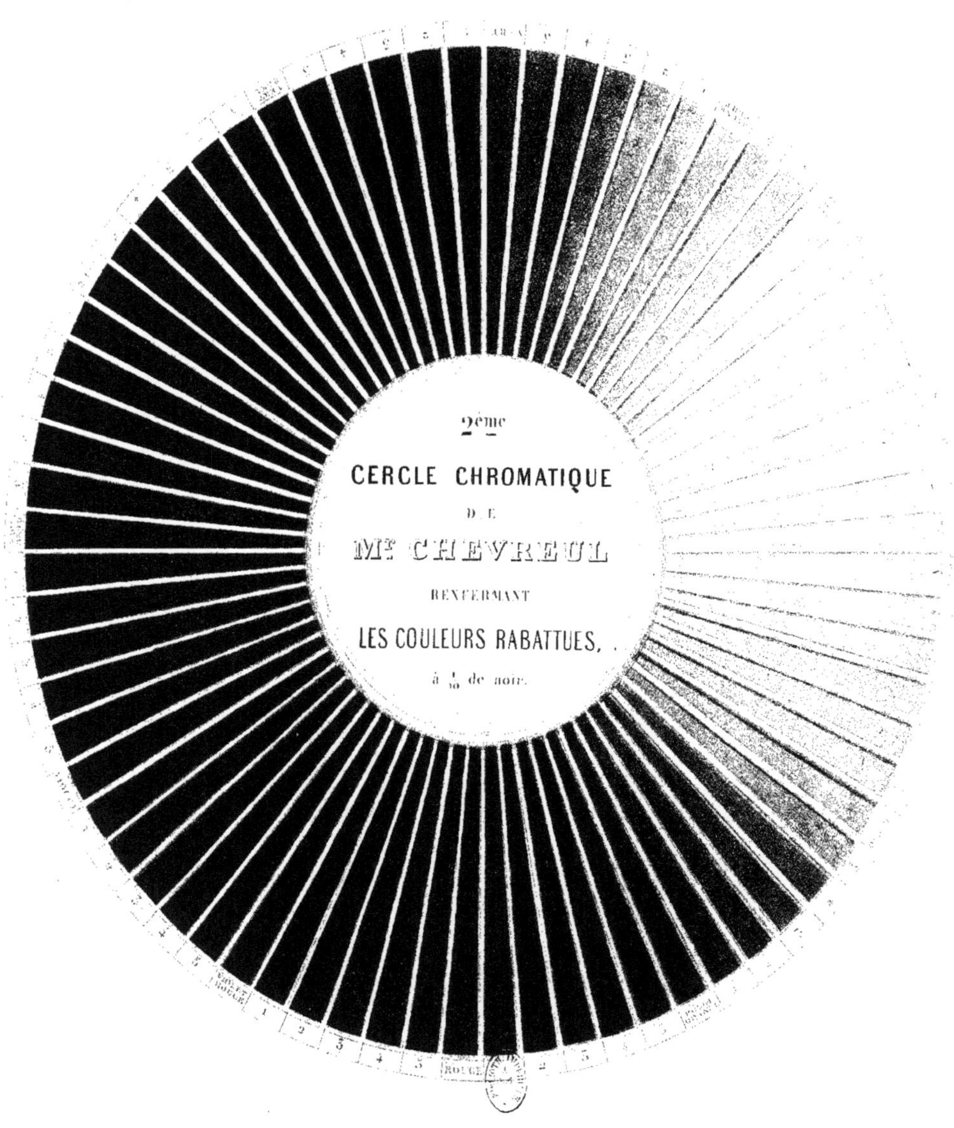
2ème
CERCLE CHROMATIQUE
DE
Mr CHEVREUL
RENFERMANT
LES COULEURS RABATTUES,
à 1/10 de noir.
ROUGE

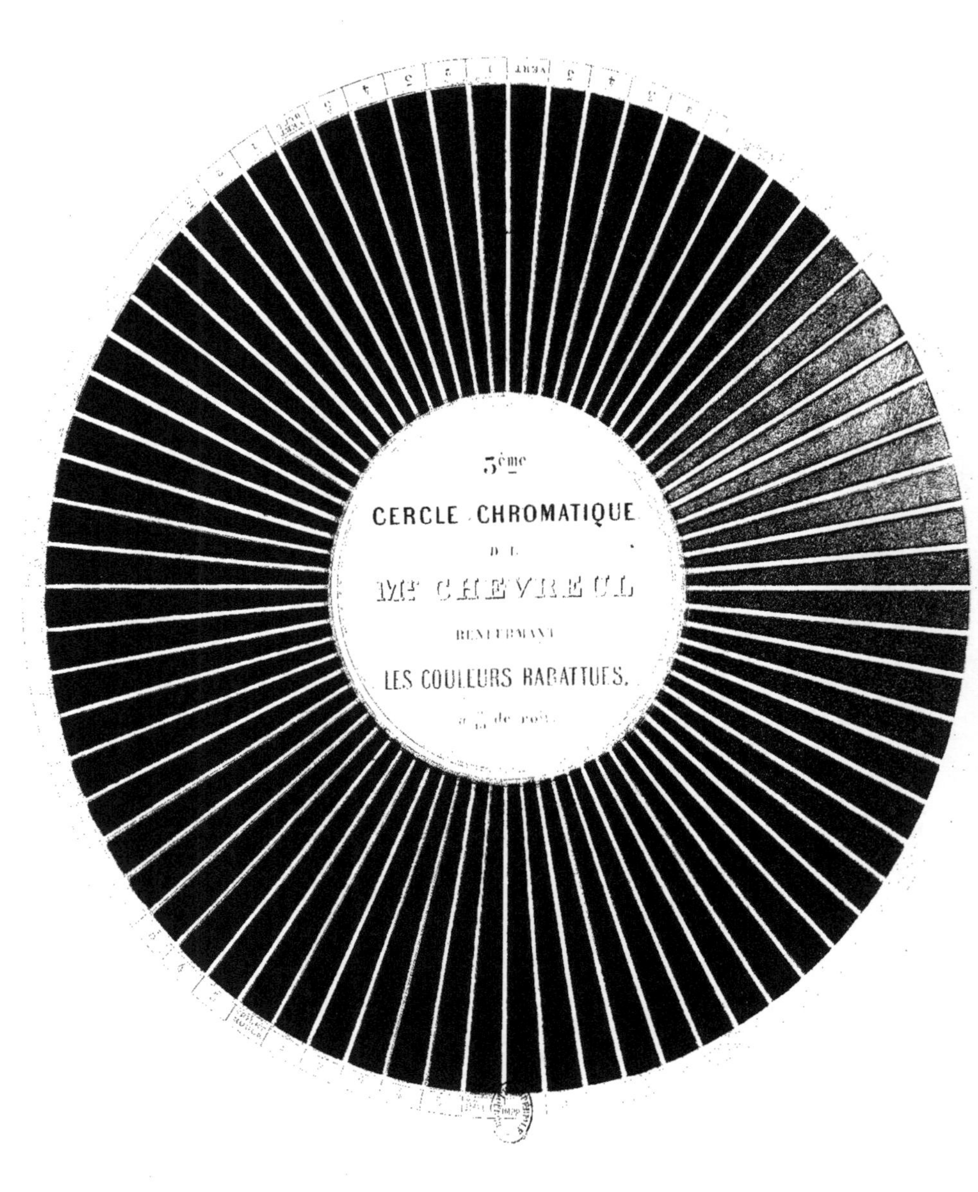
3ème
CERCLE CHROMATIQUE
DE
Mr CHEVREUL
RENFERMANT
LES COULEURS RABATTUES.

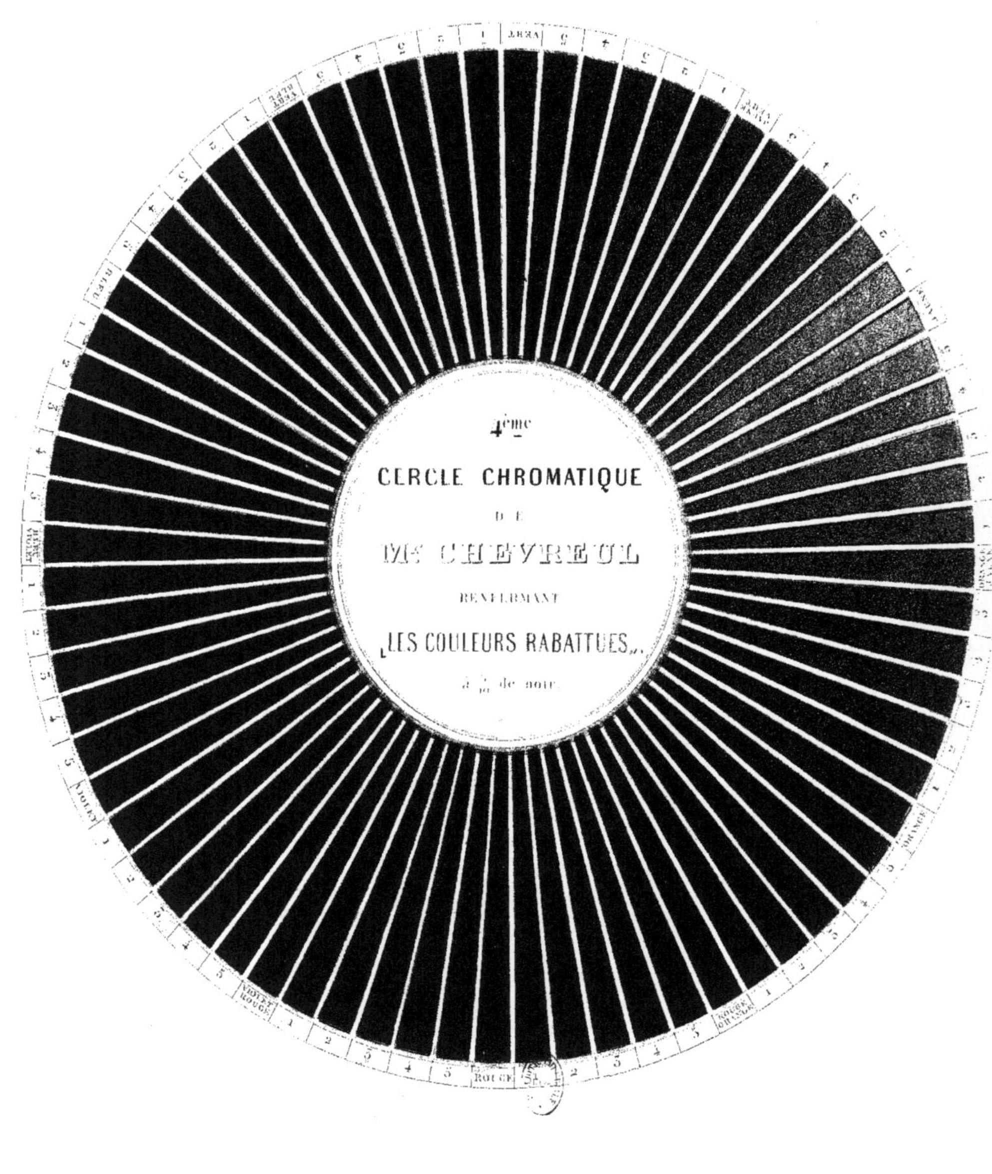
4ème
CERCLE CHROMATIQUE
DE
Mr CHEVREUL
RENFERMANT
LES COULEURS RABATTUES
ROUGE
ROUGE ORANGE
ORANGE
VIOLET ROUGE
VIOLET

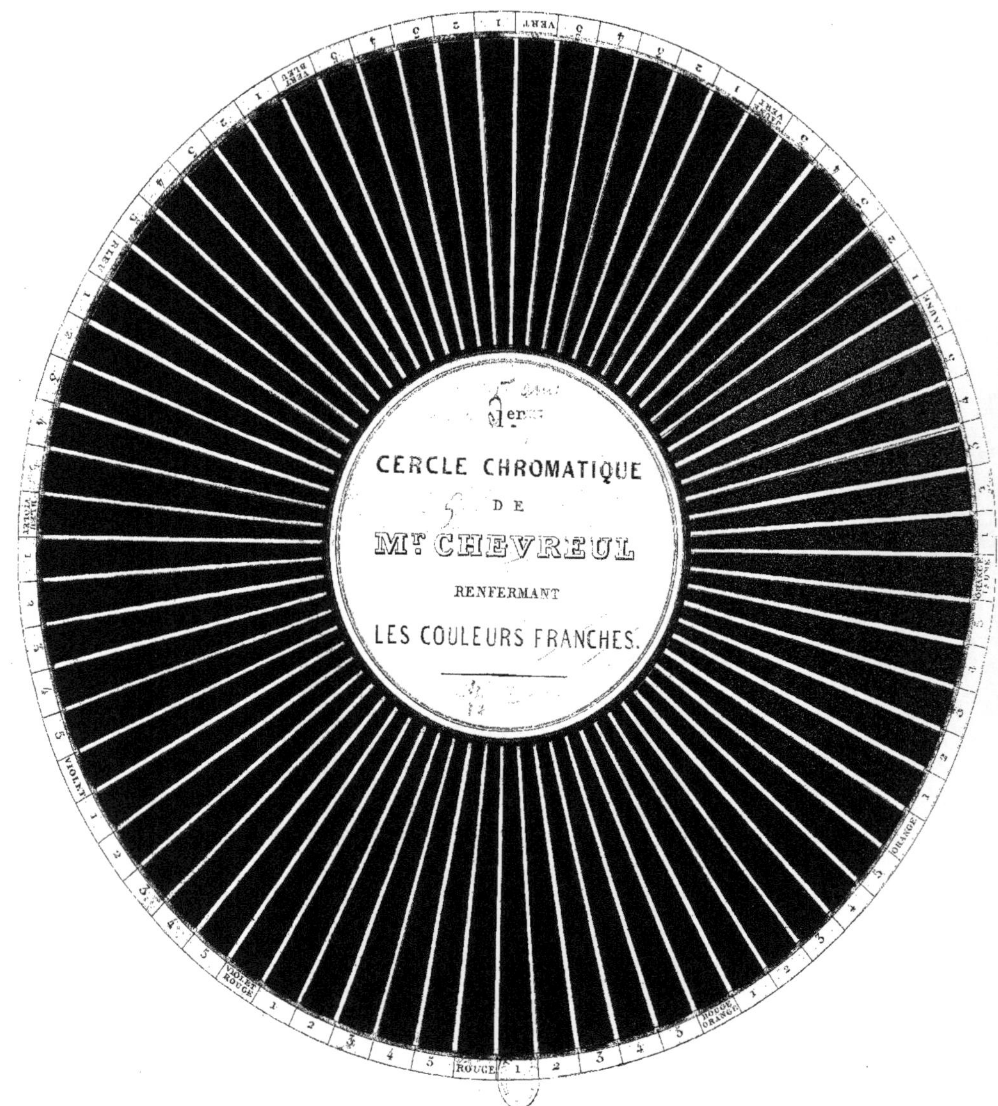
1er
CERCLE CHROMATIQUE
DE
Mr CHEVREUL
RENFERMANT
LES COULEURS FRANCHES.

Publié par J.B. BAILLIÈRE et FILS, à Paris.

1er
CERCLE CHROMATIQUE
DE
Mr. CHEVREUL
RENFERMANT
LES COULEURS FRANCHES.
ROUGE
ROUGE ORANGÉ
ORANGE
ORANGE JAUNE
JAUNE
JAUNE VERT
VERT
VERT BLEU
BLEU
BLEU VIOLET
VIOLET
VIOLET ROUGE

8ème
CERCLE CHROMATIQUE
DE
Mr CHEVREUL
RENFERMANT
LES COULEURS RABATTUES,
à $\frac{7}{10}$ de noir.

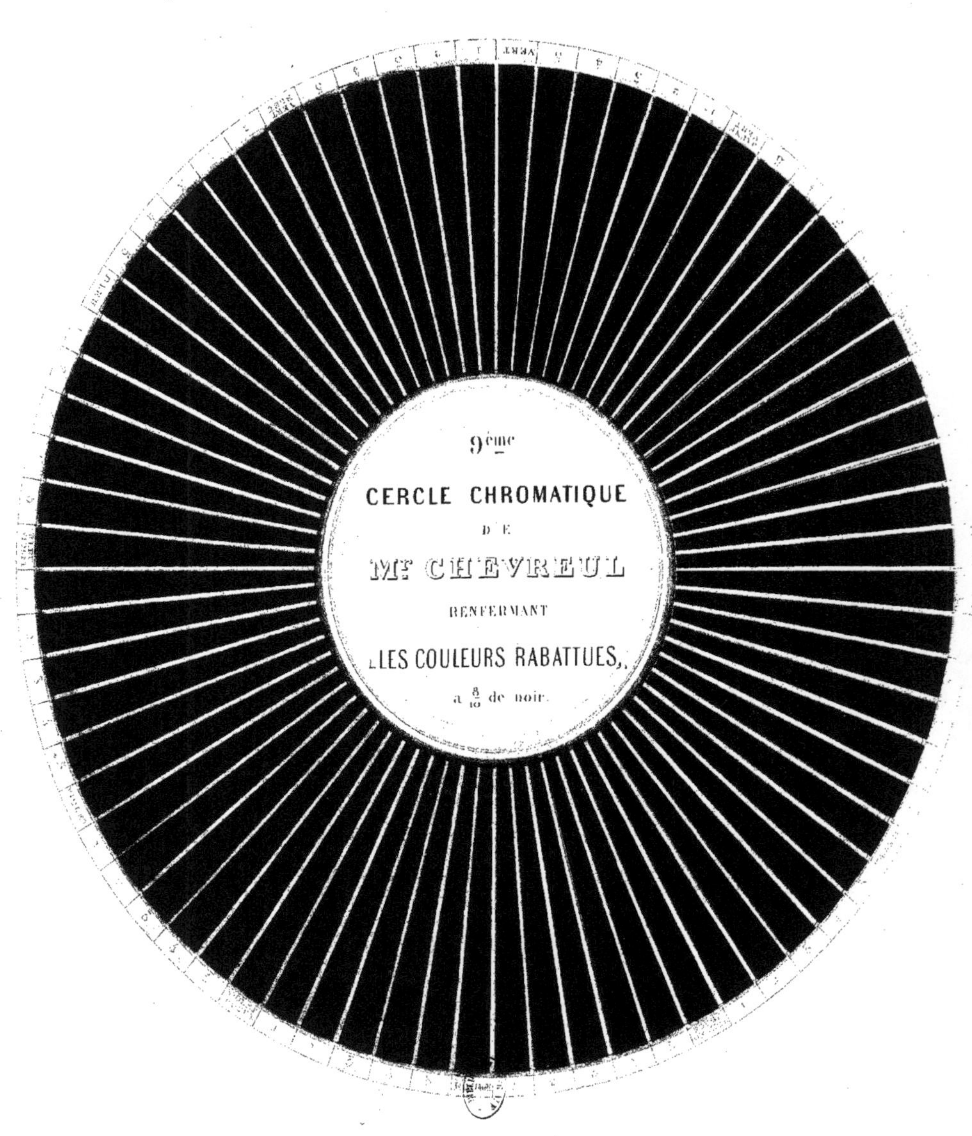
9ème
CERCLE CHROMATIQUE
DE
Mr CHEVREUL
RENFERMANT
LES COULEURS RABATTUES,
à 8/10 de noir.

1er
CERCLE CHROMATIQUE
DE
Mr CHEVREUL
RENFERMANT
LES COULEURS FRANCHES.
ROUGE
ROUGE ORANGÉ
ORANGÉ
VIOLET ROUGE
VIOLET
BLEU
VERT BLEU
VERT
JAUNE VERT

GAMMES CHROMATIQUES

21 NOIR
20
19
18
17
16
15
14
13
12
11
10
9
8
7
6
5
4
3
2
1
0 BLANC

GAMMES CHROMATIQUES

21 NOIR

20

19

18

17

16

15

14

13

12

11

10

9

8

7

6

5

4

3

2

1

0 BLANC

GAMMES CHROMATIQUES

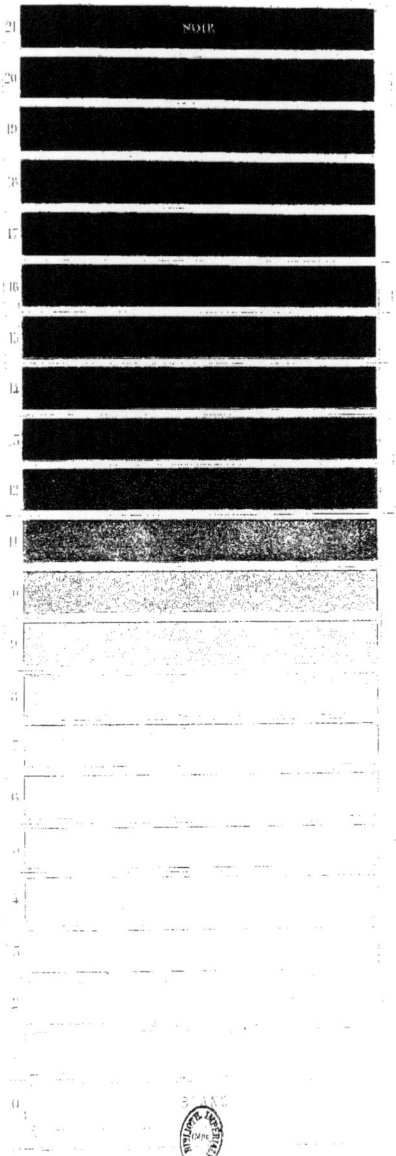

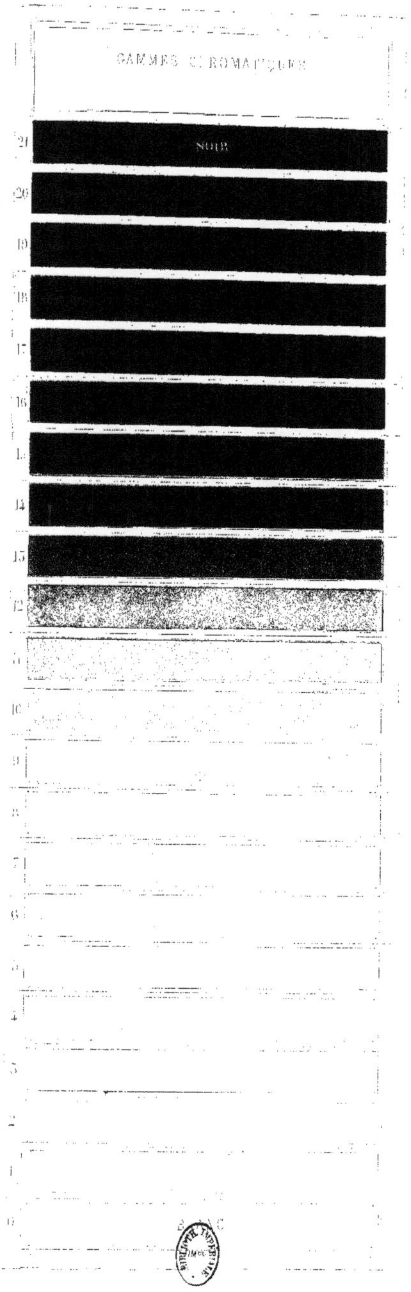
GAMMES CHROMATIQUES
NOIR

GAMMES CHROMATIQUES

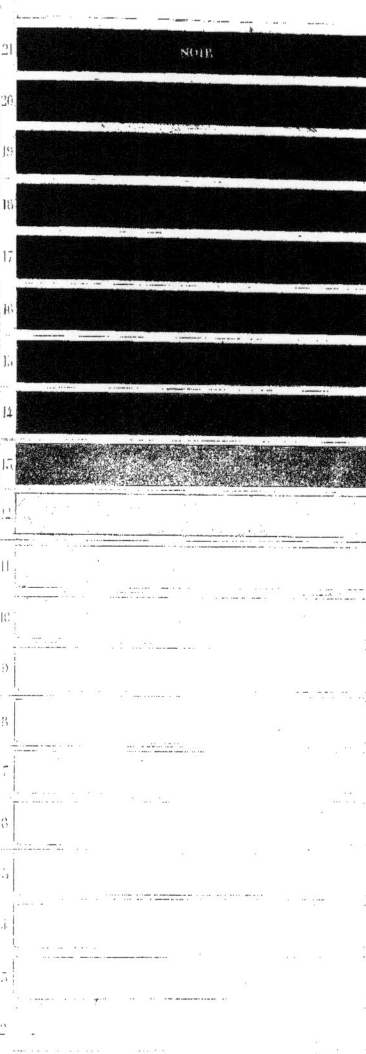

BLANC

GAMMES CHROMATIQUES

21 NOIR

20

19

18

17

16

15

14

13

12

11

10

9

8

7

6

5

4

3

2

1

0 BLANC

GAMMES CHROMATIQUES
NOIR
21
20
19
18
17
16
15
14
13
12
11
10
9
8
7
6
5
4
3
2
1
0
BLANC

GAMMES CHROMATIQUES

21 NOIR
20
19
18
17
16
15
14
13
12
11
10
9
8
7
6
5
4
3
2
1
0 BLANC

GAMME CHROMATIQUE
NOIR
BLANC

GAMMES CHROMATIQUES

21	NOIR
20	
19	
18	
17	
16	
15	
14	
13	
12	
11	
10	
9	
8	
7	
6	
5	
4	
3	
2	
1	
0	BLANC

GAMMES CHROMATIQUES

21 NOIR

20

19

18

17

16

15

14

13

12

11

10

9

8

7

6

5

4

3

2

1

0 BLANC

GAMMES CHROMATIQUES

21 NOIR
20
19
18
17
16
15
14
13
12
11
10
9
8
7
6
5
4
3
2
1
0 BLANC

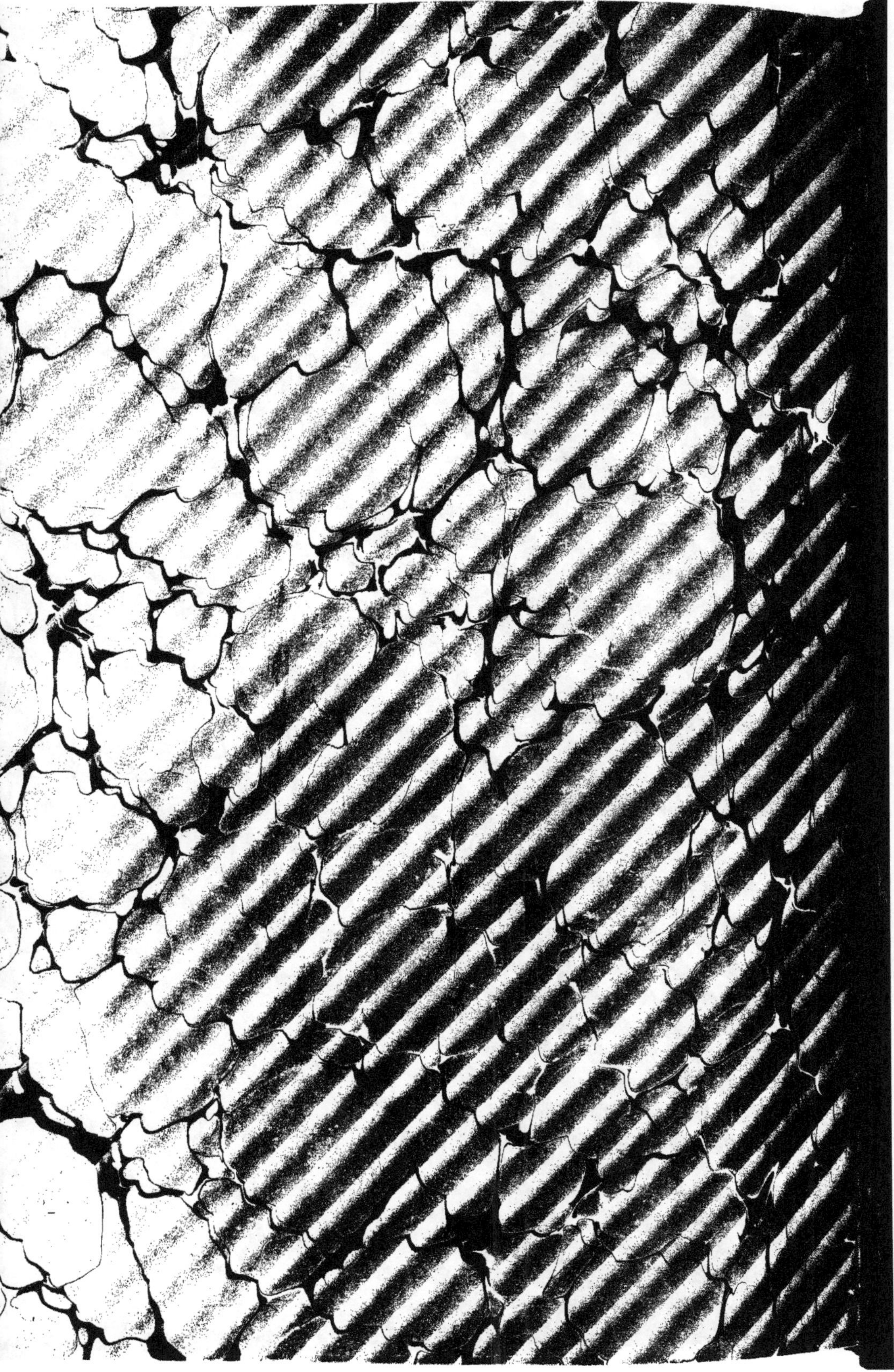

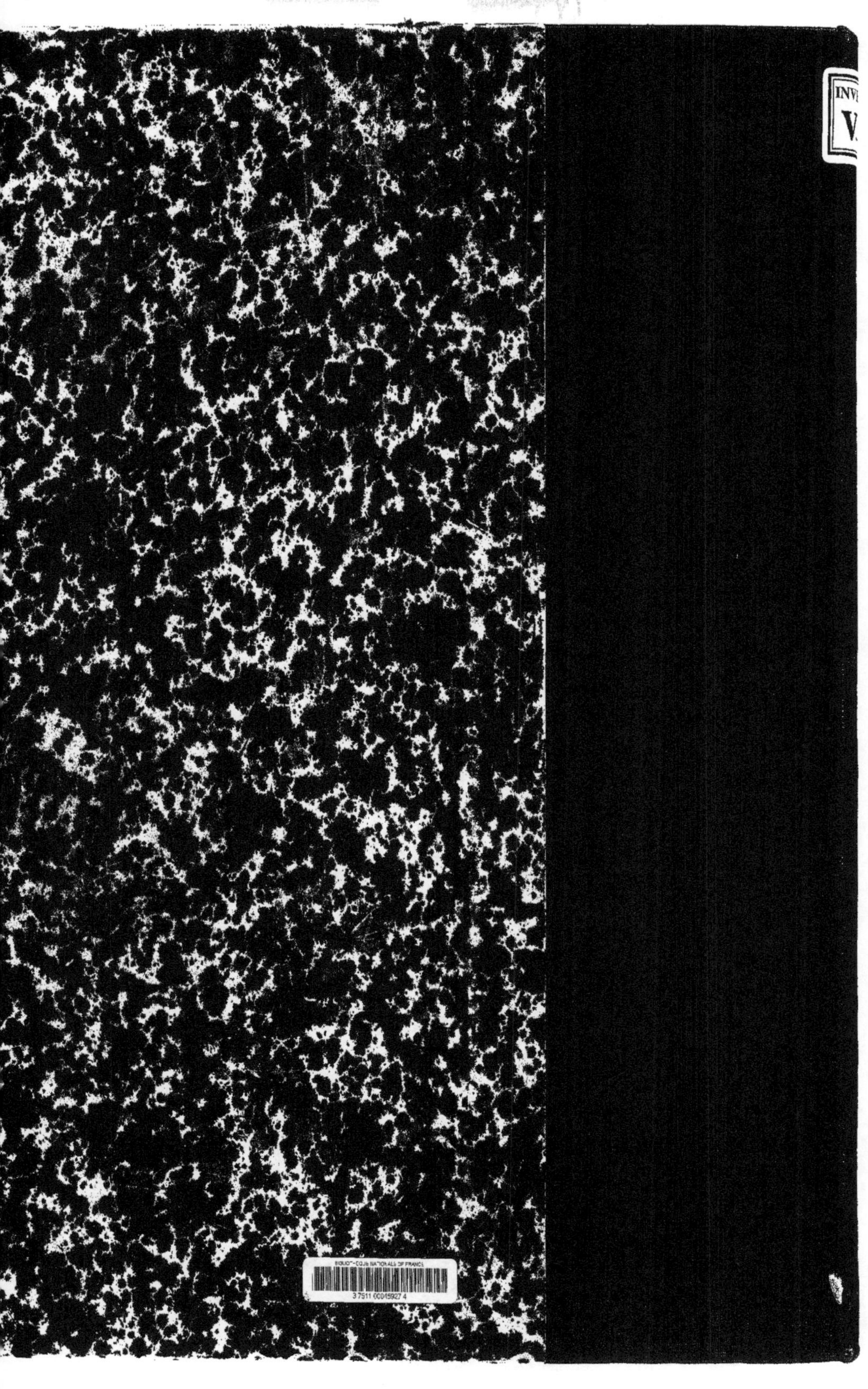

www.ingramcontent.com/pod-product-compliance
Ingram Content Group UK Ltd.
Pitfield, Milton Keynes, MK11 3LW, UK
UKHW021108260726
13994UKWH00002B/788